VOYAGE
AUTOUR DU MONDE

EXÉCUTÉ PENDANT LES ANNÉES 1836 ET 1837

SUR LA CORVETTE

LA BONITE

COMMANDÉE PAR M. VAILLANT
Capitaine de Vaisseau

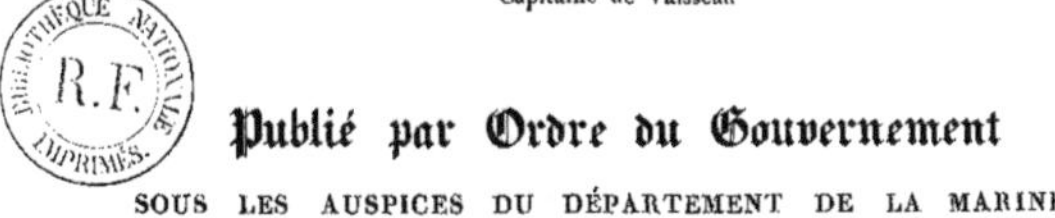

Publié par Ordre du Gouvernement

SOUS LES AUSPICES DU DÉPARTEMENT DE LA MARINE.

HISTOIRE NATURELLE

ZOOLOGIE

PAR MM. EYDOUX ET SOULEYET
Médecins de l'Expédition.

ATLAS.

PARIS,
ARTHUS BERTRAND, ÉDITEUR,
Libraire de la Société de Géographie, rue Hautefeuille, 23.

DE L'IMPRIMERIE DE CRAPELET, RUE DE VAUGIRARD, 9.
1851

TABLE EXPLICATIVE

DES PLANCHES

DE

L'ATLAS ZOOLOGIQUE.

MAMMIFÈRES.

Planches.

1.— Semnopithèque gris, *Desmarest*.
2.— Macaque roux doré, *Isid. Geoffroy-Saint-Hilaire*.
3.— Moufette de Feuillée, *nobis*. Fig. 1-2, crâne; fig. 3, mâchoire inférieure.
Loutre du Pérou, *nobis*. Fig. 4-5, crâne; fig. 6, mâchoire inférieure.
Mangouste de Touranne, *nobis*. Fig. 7-8; crâne; fig. 9, mâchoire inférieure.
4.— Bassaris rusé, *Lichtenstein*. Squelette.
5.— Hémiogale zébré, *Jourdan*. Fig. *a*, crâne; fig. *b*, mâchoire supérieure; fig. *c*, mâchoire inférieure.
6.— Cynogale de Bennett, *Gray*. Fig. A-B, crâne; fig. C, mâchoire supérieure; fig. D, mâchoire inférieure.
7.— Chat Pampa, *Desmarest*. Fig. 1-2, crâne.
Phloeomys de Cuming, *Waterhouse*. Fig. 3-5, crâne; fig. 6, mâchoire inférieure; fig. 7, patte antérieure; fig. 8, patte postérieure.
8.— Phloeomys de Cuming, *Waterhouse*.
9.— Écureuil paillé, *nobis*.
10.— Nyctoclepte Dekan, *Temminck*.
11.— Nyctoclepte Dekan, *Temminck*. Fig. 1-2, crâne; fig. 3, mâchoire inférieure.
Acanthion a longue queue, *Gmelin*. Fig. 4-5, crâne; fig. 6, mâchoire inférieure.
Chauve-souris péruvienne, *nobis*. Fig. 7, crâne; fig. 8-9, dents.
12.— Cerf faux-axis, *nobis*.

OISEAUX.

1.— Faucon de la Gironnière, *nobis*.
2.— Condor (jeune), *Buffon*.
3.— Brève élégante, *Temminck*.
4.— Astrapie caronculée, *nobis*.
5.— Turdoïde de Fisquet, *nobis*.
6.— Malcoha de Barrot, *nobis*.
7.— Martin-chasseur de Lin-say, *Vigors*.
8.— Foulque géante, *nobis*. Fig. A, la plaque de la tête, vue en dessus; fig. B, extrémité de l'aileron, pour montrer le crochet corné qui le termine.
9.— Chionis, *Forster*. Fig. 1, tête de chionis mâle; fig. 2, tête de chionis femelle; fig. 3, squelette d'un individu femelle; fig. 4, sternum du même, vu de face; fig. 5, cœcums du rectum; fig. 6, cœcum médian; — fig. 7, sternum de l'Huîtrier, vu de face; fig. 8, le même, vu de côté.
10.— Oie de Hawaï, *nobis*.

REPTILES.

(*Les planches 5, 6, 7 et 8 qui manquent, pour cette partie, ont été supprimées.*)

1.— Fig. 1. Hémidactyle bridé, *Duméril et Bibron*. Fig. *a*, patte antérieure; fig. *b*, patte postérieure.
Fig. 2. Hémydactyle bordé, *Duméril et Bibron*. Fig. *a*, patte antérieure; fig. *b*, patte postérieure.
2.— Dicrodonte a gouttelettes, *nobis*. Fig. *a*, tête vue en dessus; fig. *b*, tête vue de profil; fig. *c*, cuisses, vues en dessous; fig. *d*, la langue; fig. *e*, une dent; fig. *f*, portion de la mâchoire inférieure.
3.— Fig. 1. Ablépharе de Péron, *Bibron*. Fig. *a*, tête vue de profil; fig. *b*, la même, vue en dessus; fig. *c*, la même, vue en dessous.
Fig. 2. Brachymèle de la Bonite, *nobis*. Fig. *d*, tête vue en dessus; fig. *e*, la même, vue de profil; fig. *f*, la même vue en dessous; fig. *g*, membre antérieur; fig. *h*, membre postérieur.
4.— Boa de Chevalier, *nobis*. Fig. *a*, tête vue en dessus; fig. *b*, la même, vue en dessous; fig. *c*, la même, vue de profil; fig. *d*, dessous de la queue, pour montrer la disposition des plaques.
9.— Fig. 1. Crapaud du Chili, *Bibron*, vu en dessous; fig. 2, le même, vu en dessus; fig. A, bouche ouverte, pour montrer la langue et les narines.
Fig. 3. Plectropode peint, *nobis*, vu en dessus; fig. 4, le même, vu en dessous; fig. B, bouche ouverte, pour montrer la disposition de la langue.
10.— Fig. 1. Rhacophore de Reinwardt, *Kuhl*, vu en dessus; fig. 1 A, le même, vu en dessous; fig. 1 B, bouche ouverte, pour montrer les parties intérieures.
Fig. 2. Cystignathe de Missiessy, *nobis*, vu en dessus; fig. 2 A, le même, vu en dessous; fig. 2 B, bouche ouverte, pour montrer ses parties intérieures.

POISSONS.

Planches.

1.— Fig. 1. Otolithe de Langsdorff, *Cuvier et Valenciennes*. Fig. 1 A, le même, vu en dessous.
Fig. 2. Johnius de Valenciennes, *nobis*.
2.— Fig. 1. Pristipome mucroné, *nobis*.
Fig. 2. Chétodon miliaire, *Quoy et Gaimard*.
Fig. 3. Acanthure huméral, *Valenciennes*.
3.— Fig. 1. Caranx pinnulé, *nobis*.
Fig. 2. Carangue étoilée, *nobis*.
4.— Fig. 1. Muge de Chaptal, *nobis*.
Fig. 2. Muge corsula, *Buchanan*.
Fig. 3. Muge de Lauvergne, *nobis*.
Fig. 4. Muge céphalote, *Valenciennes*.
5.— Fig. 1. Chironecte barbatule, *nobis*.
Fig. 2. Chironecte a réseau, *nobis*.
Fig. 3. Chironecte lépreux, *nobis*.
Fig. 4. Gobie grêlé, *nobis*.
Fig. 5. Gobie a filets, *nobis*.
6.— Fig. 1. Girelle de Eydoux, *Valenciennes*.
Fig. 2. Girelle de Souleyet, *Valenciennes*.
Fig. 3. Scare élégant, *Valenciennes*.
7.— Fig. 1. Chanos oriental, *Valenciennes*.
Fig. 2. Saurus féroce, *nobis*.
Fig. 3. Saurus galonné, *nobis*.
Fig. 4. Stomias leucoptère, *nobis*.
8.— Fig. 1. Murène caténulée, *Schneider*.
Fig. 2. Carapе sablé, *nobis*.
Fig. 3. Oxuderces denté, *nobis*.
9.— Fig. 1. Congre bordé, *Valenciennes*.
Fig. 2. Congre oxyrhinque, *nobis*.
Fig. 3. Congre petite bouche, *nobis*.
10.— Fig. 1. Tétrodon a brosse, *nobis*.
Fig. 2. Tétrodon étoilé, *Lacépède*.
Fig. 3. Tétrodon panthère, *nobis*.

CRUSTACÉS.

1.— Fig. 1. Xipheus margaritifère, *nobis*; fig. 2, partie antérieure, vue en dessous; fig. 3, abdomen; fig. 4, antenne interne, grossie; fig. 5, antenne externe, grossie; fig. 6, pied-mâchoire externe.
Fig. 7. Eurypode tuberculeux, *nobis*; fig. 8, abdomen du mâle; fig. 9, *id.* de la femelle.
Fig. 10. Pelée armé, *nobis*; fig. 11, carapace vue par devant; fig. 12, abdomen de la femelle; fig. 13, antenne interne grossie; fig. 14, antenne externe grossie; fig. 15, pied-mâchoire externe.
2.— Fig. 1. Xanthe dentelé, *nobis*.
Fig. 2. Panopé marbré, *nobis*.
Fig. 3. Trapézie a taches jaunes, *nobis*.
Fig. 4. Trapézie tigrée, *nobis*.
Fig. 5. Domécie hérissée, *nobis*, grossie; fig. 6, abdomen du mâle; fig. 7, antenne interne; fig. 8, antenne externe; fig. 9, pied-mâchoire externe; fig. 10, grandeur naturelle.
3.— Fig. 1. Tricodactyle ponctué, *nobis*; fig. 2, abdomen de la femelle.
Fig. 3. Dynomène de Latreille, *nobis*, grossie; fig. 4, abdomen de la femelle; fig. 5, grandeur naturelle.
Fig. 6. Macrophthalme podophthalme, *nobis*; fig. 7, abdomen du mâle.
Fig. 8. Macrophthalme tomenteux, *nobis*.
Fig. 9. Calappe sandwichien, *nobis*; fig. 10, abdomen du mâle.
4.— Fig. 1. Lucifer type, *Milne-Edwards*, mâle, très-grossi; fig. 2, tête vue en dessus; fig. 3, la même vue en dessous; fig. 4, mandibule; fig. 5, première mâchoire; fig. 6, deuxième mâchoire; fig. 7, premier pied-mâchoire; fig. 8, deuxième pied-mâchoire; fig. 9, première fausse patte abdominale (chez le mâle); fig. 10, deuxième fausse patte abdominale; fig. 11, nageoire terminale de la queue; fig. 12, organe mâle?
Fig. 13. Oxycéphale armé, *Milne-Edwards*, mâle, très-grossi; fig. 14, antenne

Planches.

4.— interne du mâle; fig. 15, antenne interne de la femelle; fig. 16, première patte; fig. 17, deuxième patte; fig. 18, troisième et quatrième pattes (chez la femelle); fig. 19, sixième patte (*id.*); fig. 20, une fausse patte abdominale; fig. 21, portion de l'avant-dernier et du dernier segment; fig. 22, un individu, très-jeune, considérablement grossi.

5.—Fig. 1. Squille a quatre pointes, *nobis*.

Fig. 2. Cloride de Latreille, *nobis;* fig. 3, les yeux grossis; fig. 4, carapace vue en dessus; fig. 5, carapace vue de profil.

Fig. 6. Érichte épineux, *nobis*, grossi; fig. 7, carapace vue en dessous; fig. 8, la même, vue de profil; fig. 9, derniers segments de l'abdomen; fig. 10, fausse patte caudale; fig. 11, fausse patte abdominale.

Fig. 12. Érichte armé, *Leach*, grossi; fig. 13, carapace vue en dessous; fig. 14, la même, vue de profil; fig. 15, derniers segments de l'abdomen; fig. 16, fausse patte caudale; fig. 17, fausse patte abdominale.

Fig. 18. Érichte vitré, *Latreille*, grossi; fig. 19, carapace vue en dessous; fig. 20, carapace vue de profil; fig. 21, derniers segments de l'abdomen; fig. 22, fausse patte caudale; fig. 23, fausse patte abdominale; fig. 24, branchie de la fausse patte abdominale; fig. 25, extrémité de la première patte-mâchoire.

Fig. 26. Érichte de Leach, *nobis*, grossi; fig. 27, carapace vue en dessous; fig. 28, la même, vue de profil; fig. 29, derniers segments de l'abdomen; fig. 30, fausse patte caudale; fig. 31, fausse patte abdominale.

Fig. 32. Érichte de Guérin, *nobis*, grossi; fig. 33, carapace vue en dessous; fig. 34, la même, vue de profil; fig. 35, derniers segments de l'abdomen; fig. 36, fausse patte caudale; fig. 37, fausse patte abdominale; fig. 38, branchie de la fausse patte abdominale.

Fig. 39. Érichte d'Edwards, *nobis*, grossi; fig. 40, carapace vue en dessous; fig. 41, la même, vue de profil; fig. 42, partie antérieure du corps, vue en dessous; fig. 43, abdomen vu en dessus; fig. 44, fausse patte caudale; fig. 45, fausse patte abdominale; fig. 46, patte ravisseuse; fig. 47, patte-mâchoire postérieure de la première paire; fig. 48, patte-mâchoire antérieure; fig. 49, une des pattes proprement dites; fig. 50 et 51, mandibule; fig. 52, lèvre inférieure; fig. 53, mâchoire de la première paire; fig. 54, mâchoire externe de la deuxième paire.

INSECTES.

(insectes aptères.)

1.—Fig. 1. Iule corallin, *nobis*, vu de profil; fig. 2, tête et premiers segments vus de profil; fig. 3, un segment médian, vu de profil; fig. 4, pénultièmes segments et segment anal, vus en dessous.

Fig. 5. Polydème vermiforme, *nobis*. Fig. 6, tête et premiers segments, vus de profil; fig. 7, un segment médian, vu de face.

Fig. 8. Polydème de Bibron, *nobis*. Fig. 9, tête et premiers segments, vus de profil; fig. 10, un segment médian, vu de face; fig. 11, pénultièmes segments et segment anal, vus en dessus.

Fig. 12. Scolopendre de Lucas, *nobis*.

Fig. 13. Scorpion perlé, *Gervais*. Fig. 14, mandibules et céphalo-thorax, vus en dessus; fig. 15, un peigne vu de profil; fig. 16, queue vue en dessus; fig. 17, coupe d'un segment caudal, vue de face.

Fig. 18. Scorpion d'Ehrenberg, *Gervais*. Fig. 19, mandibules et céphalo-thorax, vus en dessus; fig. 20, un peigne vu de profil; fig. 21, queue vue en dessus; fig. 22, coupe d'un segment caudal, vue de face.

Fig. 23. Scorpion a bracelets, *Gervais*. Fig. 24, mandibules et céphalo-thorax, vus en dessus; fig. 25, un peigne vu de profil; fig. 26, queue vue en dessus; fig. 27, coupe d'un segment caudal, vue de face.

Fig. 28. Scorpion glabre, *Gervais*. Fig. 29, mandibules et céphalo-thorax, vus en dessus; fig. 30, un peigne vu de profil; fig. 31, queue vue en dessus; fig. 32, coupe d'un segment caudal, vue de face.

Fig. 33. Olios ganté, *nobis*. Fig. 34, céphalo-thorax grossi, vu en dessus; fig. 35, mâchoires vues en dessous.

Fig. 36. Theridion zoné, *nobis*. Fig. 37, mâchoires vues en dessous; fig. 38, céphalo-thorax grossi, vu en dessus; fig. 39, animal vu de profil.

Fig. 40. Thomise cancroïde, *nobis*. Fig. 41, le même vu en dessous; fig. 42, mâchoires vues en dessous; fig. 43, Céphalo-thorax grossi, vu en dessus.

(insectes coléoptères.)

2.—Fig. 1. Orthogonie alternant, *Wiedmann*.

Fig. 2. Brachine de la Gironnière, *nobis*.

Fig. 3. Chlœnie triste, *nobis*.

Fig. 4. Triodontome élégant, *Buquet*.

Fig. 5. Amblygnathe des Philippines, *Chevrolat*. Fig. 6, tête grossie, vue en dessus; fig. 7, tarse postérieur; fig. 8, palpe maxillaire; fig. 9, mandibule; fig. 10, menton; fig. 11, platymétope vêtu, *Dejean* (menton).

Fig. 12. Coprobie bicolore, *nobis*.

Fig. 13. Lomaptère de Schaum, *nobis*.

Fig. 14. Protœtie de Guérin, *nobis*.

Fig. 15. Nyctélie a lignes grises, *nobis*. Fig. 16, antenne grossie.

Fig. 17. Gyriosome a plusieurs lignes, *nobis*. Fig. 18, antenne grossie.

Fig. 19. Amarygme cuivré, *Fabricius*. Fig. 20, tête grossie, vue par-dessus.

Fig. 21. Sténocère damier, *nobis*. Fig. 22, tête grossie, vue de profil.

Fig. 23. Téramocère de Schoenherr, *Chevrolat*. Fig. 24, tête grossie, vue en dessus.

Fig. 25. Pachyrinque de Chevrolat, *nobis*. Fig. 26, tête vue de profil.

Fig. 27. Dermatodès cerclé, *nobis*. Fig. 28, tête vue de profil.

Fig. 29. Episome latéral, *nobis*. Fig. 30, antenne grossie.

Fig. 31. Isoméerinthe marqueté, *nobis*.

Fig. 32. Calandre couleur d'ocre, *nobis*. Fig. 33, tête vue de profil.

Planches.

2.—Fig. 34. Passandre crassicorne, *nobis*. Fig. 35, antenne grossie; fig. 36, patte antérieure, grossie; fig. 37, patte postérieure, grossie.

Fig. 38. Monohamme amblygène, *Chevrolat*.

Fig. 39. Hispa jaune, *nobis*.

Fig. 40. Aplosonyx smaragdipenne, *Chevrolat*.

Fig. 41. Plagiodère bronzé, *nobis*.

Fig. 42. Épiscaphe antennée, *nobis*.

Fig. 43. Épiscaphe de Reiche, *nobis*.

MOLLUSQUES.

1.—Fig 1. Poulpe hawaïen, *nobis*, de grandeur naturelle, vu par-dessus; fig. 2, le même, vu par-dessous; fig. 3, la bouche et l'origine des bras, vues de face; fig. 4, une portion d'un bras, vue de côté, pour montrer la saillie des ventouses; fig. 5, la même, vue de face, pour montrer les ventouses.

Fig. 6. Poulpe du Cap, *nobis*, grossi deux fois, vu par-dessus; fig. 7, le même, vu par-dessous.

Fig. 8. Poulpe grêle, *nobis*, grossi deux fois, vu par-dessus; fig. 9, le même, vu par-dessous.

Fig. 10. Poulpe douteux, *nobis*, grossi plusieurs fois, vu par-dessus; fig. 11, le même, vu par-dessous; fig. 12, la bouche et les bras, vus de face; fig. 13, une ventouse, vue de profil; fig. 14, grandeur naturelle.

Fig. 15. Poulpe? (jeune âge), très-grossi, vu par-dessus; fig. 16, le même, vu par-dessous; fig. 17, le même, vu de côté; fig. 18, la bouche et les bras, vus de face; fig. 19, un bras, vu de côté, pour montrer la saillie des ventouses; fig. 20, appendice situé en dessous de la tête; fig. 21, grandeur naturelle.

2.—Fig. 1. Calmar de Pironneau, *nobis*, grossi deux fois, vu par-dessus; fig. 2, le même, vu par-dessous; fig. 3, un bras tentaculaire; fig. 4, un des bras ordinaires; fig. 5, la lame cornée intérieure.

Fig. 6. Calmar de Touchard, *nobis*, grossi deux fois, vu par-dessus; fig. 7, le même, vu par-dessous; fig. 8, la bouche et l'origine des bras, vues de face; fig. 9, un bras tentaculaire, vu de côté; fig. 10, le même, vu de face; fig. 11, un des bras ordinaires, vu de face; fig. 12, le même, vu de côté; fig. 13, la lame cornée intérieure.

Fig. 14. Calmar plagioptère, *nobis*, grossi deux fois, vu en dessus; fig. 15, le même, vu en dessous; fig. 16, la bouche et l'origine des bras, vues de face; fig. 17, un bras tentaculaire; fig. 18, un des bras ordinaires; fig. 19, la lame cornée intérieure, vue par la face dorsale; fig. 20, la même, vue de profil; fig. 21, une ventouse, vue de côté; fig. 22, la même, vue de face.

Fig. 23. Calmar cardioptère, *Péron*, grossi deux fois, vu en dessus; fig. 24, le même, vu en dessous; fig. 25, la bouche et l'origine des bras, vues de face; fig. 26, un bras tentaculaire, vu de côté; fig. 27, le même, vu de face; fig. 28, la lame cornée intérieure, vue par-dessus; fig. 29, la même, vue de profil.

3.—Fig. 1. Calmar subailé, *nobis*, de grandeur naturelle, vu par-dessus; fig. 2, le même, vu par-dessous; fig. 3, la lame cornée intérieure, vue par-dessus; fig. 4, une ventouse, vue de côté; fig. 5, la même, vue de face.

Fig. 6. Seiche de Touranne, *nobis*, de grandeur naturelle, vue par-dessus; fig. 7, la même, vue par-dessous; fig. 8, un bras tentaculaire, vu de côté; fig. 9, le même, vu de face; fig. 10, l'os intérieur, vu par-dessus; fig. 11, le même, vu par-dessous; fig. 12, le même, vu de profil.

Fig. 13. Seiche voisine, *nobis*, de grandeur naturelle, vue par-dessus; fig. 14, la même, vue par-dessous.

4.—Fig. 1. Hyale tridentée, *Lamarck*, grossie, vue par-dessous; fig. 2, la coquille vue en dessous; fig. 3, la même, vue en dessus; fig. 4, la même, vue de profil; fig. 5, grandeur naturelle; fig. 6, articulation des deux lames de la coquille; fig. 7, partie de cette articulation appartenant à la lame supérieure.

Fig. 8. Hyale à crochet, *Rang*, grossie, vue par-dessous; fig. 9, la coquille vue en dessous; fig. 10, la même, vue en dessus; fig. 11, la même, vue de profil; fig. 12, grandeur naturelle.

Fig. 13. Hyale bossue, *Rang*, grossie, vue par-dessous; fig. 14, la coquille, vue en dessous; fig. 15, la même, vue en dessus; fig. 16, la même, vue de profil; fig. 17, grandeur naturelle; fig. 18, idem; fig. 19, une variété de cette espèce, représentée au trait.

Fig. 20. Hyale globuleuse, *Rang*, grossie, vue par-dessous, fig. 21, la coquille, vue en dessous; fig. 22, la même, vue en dessus; fig. 23, la même, vue de profil; fig. 24, grandeur naturelle.

Fig. 25. Hyale a quatre dents, *Lesueur*, grossie, vue par-dessous; fig. 26, la coquille, vue en dessous; fig. 27, la même, vue en dessus; fig. 28, la même, vue de profil; fig. 29-31, grandeurs naturelles; fig. 32, variété, représentée au trait.

5.—Fig. 1. Hyale angulée, *nobis*, grossie, vue par-dessous; fig. 2, la coquille, vue en dessous; fig. 3, la même, vue en dessus; fig. 4, la même, vue de profil; fig. 5, articulation des deux lames de la coquille; fig. 6, grandeur naturelle.

Fig. 7. Hyale longirostre, *Lesueur*, grossie, vue par-dessous; fig. 8, la coquille, vue en dessous; fig. 9, la même, vue en dessus; fig. 10, la même, vue de profil; fig. 11, variété de cette espèce, représentée au trait; fig. 12 et 13, grandeurs naturelles.

Fig. 14. Hyale lisse, *d'Orbigny*, grossie, vue par-dessous; fig. 15, la coquille, vue en dessous; fig. 16, la même, vue en dessus; fig. 17, la même, vue de profil; fig. 18-20, grandeurs naturelles.

Fig. 21. Hyale infléchie, *Lesueur*, grossie, vue par-dessous; fig. 22, la coquille, vue en dessous; fig. 23, la même, vue en dessus; fig. 24, la même, vue de profil; fig. 25, variété de cette espèce (jeune âge?), représentée au trait; fig. 26, grandeur naturelle.

Fig. 27. Hyale labiée, *d'Orbigny*, grossie, vue par-dessous; fig. 28, la coquille, vue en dessous; fig. 29, la même, vue en dessus; fig. 30, la même, vue de profil; fig. 31, variété de cette espèce, représentée au trait; fig. 32, grandeur naturelle.

Planches.

6.—Fig. 1. HYALE A TROIS POINTES, *Lesueur*, grossie, vue par-dessous; fig. 2, la coquille, vue en dessous; fig. 3, la même, vue en dessus; fig. 4, la même, vue de profil; fig. 5, l'extrémité postérieure de la pointe terminale; fig. 6, grandeur naturelle; fig. 7, variété (*H. mucronée*), vue par-dessous; fig. 8, la même, vue par-dessus; fig. 9, la même, vue de profil; fig. 10, grandeur naturelle.

Fig. 11. CLÉODORE CUSPIDÉE, *Bosc*, grossie, vue par-dessous; fig. 12, la coquille, vue en dessous; fig. 13, la même, vue en dessus; fig. 14, la même, vue de profil; fig. 15, extrémité postérieure de la coquille; fig. 16, grandeur naturelle.

Fig. 17. CLÉODORE LANCÉOLÉE, *Lesueur*, grossie, vue par-dessous; fig. 18, la coquille, vue en dessous; fig. 19, la même, vue en dessus; fig. 20, la même, vue de profil; fig. 21, extrémité postérieure de la coquille; fig. 22, grandeur naturelle; fig. 23, variété d'âge? (*Cléod. Pyramidale*) vue en dessous; fig. 24, la même, vue de profil; fig. 25, grandeur naturelle.

Fig. 26. CLÉODORE PLATE, *nobis*, très-grossie, vue par-dessous; fig. 27, la coquille, vue en dessous; fig. 28, la même, vue en dessus; fig. 29, la même, vue de profil; fig. 30, variété de cette espèce; fig. 31, extrémité postérieure de la coquille; fig. 32, grandeur naturelle.

7.—Fig. 1. CLÉODORE DE CHAPTAL, *nobis*, grossie, vue par-dessous, fig. 2, la coquille, vue en dessous; fig. 3, la même, vue en dessus; fig. 4, la même, vue de profil; fig. 5, grandeur naturelle.

Fig. 6. CLÉODORE COURBÉE, *nobis*, très-grossie, vue par-dessous; fig. 7, la coquille, vue en dessous; fig. 8, la même, vue en dessus; fig. 9, la même, vue de profil; fig. 10, grandeur naturelle.

Fig. 11. CLÉODORE BOURSE, *Rang*, grossie, vue par-dessous; fig. 12, la coquille, vue en dessous; fig. 13, la même, vue en dessus; fig. 14, la même, vue de profil; fig. 15, extrémité postérieure de la coquille; fig. 16, grandeur naturelle.

Fig. 17. CLÉODORE RENFLÉE, *nobis*, grossie, vue par-dessous; fig. 18, la même, vue de profil; fig. 19, grandeur naturelle.

Fig. 20. CLÉODORE AUSTRALE, *d'Orbigny*, grossie, vue par-dessous; fig. 21, la coquille, vue en dessous; fig. 22, la même, vue en dessus; fig. 23, la même, vue de profil; fig. 24, extrémité postérieure de la coquille; fig. 25, grandeur naturelle.

8.—Fig. 1. CLÉODORE STRIÉE, *Rang*, grossie, vue par-dessous; fig. 2, la coquille, vue en dessous; fig. 3, la même, vue de profil; fig. 4, grandeur naturelle.

Fig. 5. CLÉODORE ALÈNE, *Quoy et Gaimard*, grossie, vue par-dessous; fig. 6, la coquille, vue en dessous; fig. 7, la même, vue en dessus; fig. 8, extrémité postérieure de la coquille; fig. 9, grandeur naturelle.

Fig. 10. CLÉODORE ACICULÉE, *Rang*, grossie, vue par-dessous; fig. 11, la coquille, vue en dessous; fig. 12, la même, vue en dessus; fig. 13-14, variété de cette espèce (*C. Clava*, *Rang*); fig. 15, extrémité postérieure de la coquille; fig. 16-17, grandeurs naturelles.

Fig. 18. CLÉODORE VIRGULE, *Rang*, grossie, vue par-dessous; fig. 19, coquille, vue de profil; fig. 20, variété, à courbure postérieure un peu plus prononcée; fig. 21, extrémité postérieure de la coquille; fig. 22, grandeur naturelle; fig. 23-24, variété, à courbure postérieure très-marquée (*C. corniformis*, d'Orbigny); fig. 25, grandeur naturelle de celle-ci.

9.—Fig. 1. HYALE TRIDENTÉE. Partie postérieure de l'animal, grossie et vue en dessous, pour montrer la structure de la partie inférieure du manteau; fig. 2, la même, vue en dessus, pour montrer la partie supérieure du manteau; fig. 3, l'animal entier, dépouillé de la coquille, vu par-dessous et le manteau ouvert, pour montrer le cœur, l'appareil branchial et la masse viscérale; fig. 4, le grand muscle longitudinal et les viscères isolés les uns des autres; fig. 5, la partie supérieure de la tête, les tentacules et l'appareil générateur tout entier; fig. 6, la verge; fig. 7, le tube digestif; fig. 8, la bouche, l'œsophage, les glandes salivaires et les ganglions buccaux; fig. 9, la cavité buccale ouverte, pour montrer le renflement lingual; fig. 10, le renflement lingual, vu en dessus, avec ses trois rangs de crochets; fig. 11, l'estomac ouvert, pour montrer les plaques cornées intérieures; fig. 12, une plaque cornée, vue de face; fig. 13, la même, vue de profil; fig. 14, l'estomac, l'intestin, le foie, les canaux et la vésicule biliaires; fig. 15, structure du foie; fig. 16, partie antérieure du peigne branchial droit; fig. 17, une des branches de ce peigne; fig. 18, lames feuilletées branchiales, très-grossies; fig. 19, une coupe de la branchie, pour montrer les feuillets branchiaux sur chacun de ses côtés; fig. 20, l'anneau nerveux, vu en dessous; fig. 21, le même, vu en dessus; fig. 22, le même, vu de côté; 23, le même, vu par sa partie antérieure; fig. 24, le ganglion buccal; fig. 25, l'avant-dernière couche musculaire des nageoires, du côté de la face inférieure de ces appendices; en arrière, cette couche est bridée par le faisceau postérieur de la couche qui lui correspond à la face supérieure; fig. 26, la couche centrale des nageoires, formée par les faisceaux du muscle droit, et la couche qui lui est adjacente en dessous; fig. 27, à gauche de la figure, la couche centrale et la couche adjacente à celle-ci, en dessus; à droite, l'avant-dernière couche, du côté de la face supérieure des nageoires; fig. 28, faisceau réfléchi de cette dernière couche.

Fig. 29. HYALE A TROIS POINTES. L'animal, dépouillé de son manteau, de l'appareil branchial et du cœur; fig. 30, les viscères du même, isolés les uns des autres; fig. 31, l'appareil générateur et les tentacules.

Fig. 32. HYALE LABIÉE. Partie antérieure de l'appareil générateur et les tentacules.

Fig. 33. HYALE LONGIROSTRE. Appareil générateur et les tentacules.

(*Explication des lettres.* — *a*, l'anus; *b*, les branchies; *b'*, la bouche; *c*, le cœur; *d*, le vagin; *e*, l'estomac; *e'* l'œsophage; *f*, le foie; *g*, l'anneau nerveux; *g'*, le ganglion buccal; *h*, la masse buccale; *i*, l'intestin; *k*, portion du manteau; *l*, lèvres; *l'*, langue; *m*, le muscle longitudinal; *o*, ovaire ou organe hermaphrodite; *o'* orifice du vagin; *q*, veine branchiale; *r*, organe auditif; *s*, glandes salivaires; *t*, tentacules; *u*, portion cervicale de l'animal; *v*, verge; *v'*, orifice de la verge; *x*, second oviducte ou matrice; *x'*, vésicule copulatrice; *z*, renflement de l'oviducte et son prolongement cæcal; *z'*, oviducte; *w*, vésicule biliaire.)

Planches.

10.—Fig. 1. CLÉODORE BOURSE. Partie postérieure de l'animal, grossie et vue en dessous, pour montrer la structure de la partie inférieure du manteau; fig. 2, la même, vue en dessus, pour montrer la partie supérieure du manteau; fig. 3, l'animal entier, dépouillé de la coquille, vu par-dessous et le manteau ouvert, pour montrer le cœur, l'appareil branchial et la masse viscérale; fig. 4, le grand muscle longitudinal et les viscères isolés les uns des autres; fig. 5, la partie supérieure de la tête, les tentacules et l'appareil générateur tout entier; fig. 6, la verge déroulée; fig. 7, corps dur qui se trouve placé à l'extrémité postérieure de cet organe; fig. 8, une plaque de l'ovaire ou de l'organe hermaphrodite; fig. 9, le tube digestif; fig. 10, la bouche, l'œsophage, les glandes salivaires et les ganglions buccaux; fig 11, la cavité buccale ouverte, pour montrer le renflement lingual; fig. 12, le renflement lingual, vu par sa face supérieure; fig. 13, le même, vu de profil; fig. 14, l'estomac ouvert pour montrer les plaques cornées; fig. 15 et 16, deux plaques cornées vues de face; fig. 17, une plaque cornée, vue de profil; fig. 18, l'estomac, l'intestin enveloppé par le foie, la vésicule biliaire; fig. 19, une portion de branchie grossie, pour montrer ses villosités; fig. 20, la même, pour montrer le réseau vasculaire branchial; fig. 21, le cœur et la poche particulière qui communique avec l'oreillette; fig. 22, l'anneau nerveux, vu en dessous; fig. 23, le même, vu en dessus; fig. 24, le même, vu par le côté; fig. 25, le même, vu par-devant; fig. 26, le même, vu par-dessus, la commissure coupée, pour montrer le ganglion buccal; fig. 27, le ganglion buccal; fig. 28, l'organe auditif, très-grossi pour montrer les cristaux de la poche intérieure; fig. 29, le tentacule droit rentré dans sa gaîne; fig. 30, le même, vu dans sa gaîne.

Fig. 31. CLÉODORE LANCÉOLÉE. Partie postérieure de l'animal, grossie et vue en dessous, pour montrer la structure de la partie inférieure du manteau, le bouclier branchial et la poche qui communique avec l'oreillette; fig. 32, une partie du bouclier branchial, très-grossie; fig. 33, cryptes muqueux du manteau; fig. 34, la même, le manteau et l'appareil branchial enlevés, pour montrer la disposition des viscères; fig. 35, le second oviducte ou la matrice, la poche copulatrice et l'orifice extérieur de cette partie de l'appareil générateur, très-grossis; fig. 36, la poche copulatrice; fig. 37, une plaque de l'ovaire ou de l'organe hermaphrodite; fig. 38, partie supérieure de la tête, les tentacules, les orifices du vagin et de la verge.

Fig. 39. CLÉODORE CUSPIDÉE. L'animal grossi et dépouillé du manteau, pour montrer la disposition des viscères en dessous; fig. 40, partie supérieure de la tête, les tentacules, les orifices de la verge et du vagin.

Fig. 41. CLÉODORE AUSTRALE. L'animal grossi et dépouillé du manteau, pour montrer la disposition des viscères en dessous.

(*Explication des lettres.* — Les lettres déjà employées dans la planche précédente, ont la même signification dans celle-ci : — *y*, poche particulière qui communique avec l'oreillette du cœur; *π*, corps dur qui se trouve à l'extrémité postérieure de la verge.)

11.—Fig. 1. CLÉODORE ACICULÉE, très-grossie, sur laquelle on voit par transparence l'organisation intérieure de l'animal, par sa face inférieure; fig. 3, la même, dépouillée de la coquille et du manteau, pour montrer le grand muscle droit et les viscères; fig. 5, partie supérieure de la tête, les tentacules, la verge et son orifice, la matrice, le vagin et son orifice.

Fig. 2. CLÉODORE VIRGULE, très-grossie, dépouillée de la coquille, pour montrer la poche branchiale en dessous, et le reste des viscères; fig. 4, la même, vue par la face supérieure.

Fig. 6. CLÉODORE STRIÉE. L'animal très-grossi, dépouillé du manteau et vu par sa face inférieure; fig. 8, partie supérieure de la tête, les tentacules, la verge et son orifice, le vagin et son orifice; fig. 11, le cœur et la poche de l'oreillette.

Fig. 7. CLÉODORE ALÈNE. L'animal très-grossi, dépouillé du manteau et vu par sa face inférieure; fig. 9, partie supérieure de la tête, les tentacules et la verge; fig. 10, l'oviducte, la matrice et l'orifice du vagin; fig. 12, le cœur et la poche de l'oreillette.

Fig. 13. SPIRIALE AUSTRALE. L'animal très-grossi et vu par-dessous; fig. 14, le même, vu par-dessus; fig. 15, le même, la poche branchiale ouverte; fig. 16, le même, dépouillé du manteau, pour montrer le muscle columellaire et les viscères isolés les uns des autres, par la face inférieure; fig. 17, la partie antérieure de l'animal, vue par-dessus; fig. 18, l'estomac; fig. 19, la verge, repliée à son extrémité postérieure; fig. 20, le cœur et la poche de l'oreillette; fig. 21, l'anneau nerveux, vu en dessous; fig. 22, le même, vu de côté.

(*Explication des lettres.* — Les lettres des figures ont la même signification que dans les planches précédentes.)

12.—Fig. 1. CUVIÉRIE COLONNETTE, *Rang*, grossie, vue par sa face inférieure; fig. 2 et 3, variétés d'âge de cette espèce? fig. 4, la coquille grossie, vue en dessous; fig. 5, la même, vue de profil; fig. 6, son ouverture, vue de face; fig. 7, appendice cervical déroulé; fig. 8, le même, dans sa disposition la plus ordinaire; fig. 9, grandeur naturelle de la coquille; fig. 10 et 11, grandeur naturelle de la coquille des variétés représentées par les figures 2 et 3; fig. 12, l'animal grossi et dépouillé de sa coquille, le manteau ouvert par sa face inférieure, pour montrer l'appareil branchial et la masse des viscères; fig. 13, partie postérieure de l'animal, grossie, vue par la face supérieure pour montrer la structure du manteau; fig. 14, l'animal grossi et dépouillé du manteau, vu par le côté droit; fig. 15, le même, vu par le côté gauche; fig. 16, le même, vu par la face inférieure, pour montrer le grand muscle droit et les viscères isolés les uns des autres; fig. 17, l'appareil branchial isolé et le cœur; fig. 18, l'anneau nerveux, vu par sa face inférieure; fig. 19, le même, vu de côté; fig. 20, le même, vu par-dessus; fig. 21, le même, vu par devant; fig. 22, le ganglion buccal; fig. 23, le tube digestif; fig. 24, la bouche, l'œsophage, les glandes salivaires et le ganglion buccal, vus par la face inférieure; fig. 25, les mêmes parties, moins le ganglion buccal, vues par le côté; fig. 26, la cavité buccale ouverte, pour montrer le renflement lingual; fig. 27, le renflement lingual, vu par sa face supérieure; fig. 28, le même, vu de côté; fig. 29, l'estomac ouvert, pour montrer les plaques intérieures; fig. 30, une plaque, vue de

Planches.

12.— face ; fig. 31, la même, vue de profil ; fig. 32, l'appareil générateur et la partie supérieure de la tête, avec les tentacules ; fig. 33, une plaque de l'ovaire ou de l'organe hermaphrodite ; fig. 34, la verge repliée ; fig. 35, la même, déroulée ; fig. 36, le dard de la verge.

(*Explication des lettres.* — Les lettres des figures ont la même signification que dans les planches précédentes.)

13.—Fig. 1. Spiriale rostrale, *nobis*, très-grossie, vue par le côté droit ; fig. 2, la même, vue par sa face inférieure ; fig. 3, la coquille, vue du côté droit ; fig. 4, la même, vue par sa face inférieure ou par la bouche ; fig. 5, la même, vue du côté gauche ; fig. 6, 7 et 8, variétés de la coquille ; fig. 9, opercule ; fig. 10, grandeur naturelle de la coquille.

Fig. 11. Spiriale ventrue, *nobis*, très-grossie, vue par la face inférieure de l'animal ; fig. 12, la coquille, vue du côté de la bouche ; fig. 13, la même, vue par sa base ; fig. 14, la même, vue par son sommet ; fig. 15, l'opercule ; fig. 16, grandeur naturelle de la coquille.

Fig. 17. Spiriale en réseau, *nobis*, très-grossie, vue du côté de la bouche ; fig. 18, la même, vue en sens opposé ; fig. 19, grandeur naturelle.

Fig. 20. Spiriale australe, *nobis*, très-grossie, vue par la face inférieure de l'animal ; fig. 21, la coquille, vue du côté de la bouche ; fig. 22, la même, vue en sens opposé ; fig. 23, la même, vue par sa base ; fig. 24, l'opercule, vu de face ; fig. 25, le même, vu de profil ; fig. 26, grandeur naturelle de la coquille.

Fig. 27. Spiriale trochiforme, *nobis*, très-grossie, vue par la face inférieure de l'animal ; fig. 28, la coquille, vue du côté de la bouche ; fig. 29, la même, vue en sens opposé ; fig. 30, 31 et 32, variété de la même ; fig. 33, l'opercule ; fig. 34, grandeur naturelle de la coquille.

Fig. 35. Spiriale bulimoïde, *nobis*, très-grossie, vue par la face inférieure de l'animal ; fig. 36, l'animal dépouillé de sa coquille ; fig. 37, la coquille, vue du côté de la bouche ; fig. 38, la même, vue en sens opposé ; fig. 39 et 40, variété de la même ; fig. 41, l'opercule ; fig. 42, grandeur naturelle de la coquille.

14.—Fig. 1. Euribie de Gaudichaud, *nobis*, grossie, vue par sa face inférieure ; fig. 2, la même, l'animal rentré en grande partie dans la cavité du manteau ; fig. 3, la même, vue de côté ; fig. 4, la même, l'ouverture du manteau complétement fermée ; fig. 5, la même, vue en dessous ; fig. 6, grandeur naturelle.

Fig. 7. Pneumoderme de Péron, *Lamarck*, grossi, vu par-dessus ; fig. 8, le même, vu par-dessous ; fig. 9, le même, vu de côté ; fig. 10, l'extrémité postérieure du corps, pour montrer les feuillets branchiaux (cette figure est inexacte) ; fig. 11, grandeur naturelle ; fig. 12, 13 et 14, le même animal, avec les parties de la bouche diversement développées ; fig. 15 et 16, aspect différent des appendices buccaux, en partie rentrés.

Fig. 17. Clio longue-queue, *nobis*, grossi, vu par-dessus ; fig. 18, le même, vu par-dessous ; fig. 19, le même, vu de côté ; fig. 20, appendices buccaux développés ; fig. 21, grandeur naturelle.

15.—Fig. 1. Euribie de Gaudichaud, très-grossie et vue par la face inférieure, le manteau ouvert pour montrer la masse des viscères ; fig. 2, la même, l'animal contracté et rentré en partie dans le manteau, la masse viscérale enlevée, pour montrer les faisceaux musculaires longitudinaux ; fig. 3, partie antérieure de l'animal, vue par la face inférieure ; fig. 4, le tube digestif et l'appareil générateur ; fig. 5, la cavité buccale ouverte, pour montrer la langue ; fig. 6, ce dernier organe, vu de profil ; fig. 7, les branchies et les tentacules à leur bord interne ; fig. 8, les branchies contractées ; fig. 9, corps intérieur, d'une consistance cartilagineuse et à usages inconnus ; fig. 10 et 11, la verge ; fig. 12, l'anneau nerveux.

Fig. 13. Pneumoderme de Péron, très-grossi et vu par la face supérieure, le manteau ouvert, pour montrer les viscères intérieurs ; fig. 14, partie antérieure du corps, très-grossie ; fig. 15, la tête, vue par devant ; fig. 15, ventouses des appendices buccaux, grossies ; fig. 17, le tube digestif ; fig. 18, la partie postérieure de la cavité buccale ouverte pour montrer la langue et les cœcums de la bouche ; fig. 19, un cœcum buccal, grossi, pour montrer sa structure ; fig. 20, partie intérieure de ce cœcum, développée au dehors et recouverte de crochets cornés ; fig. 21, la même, rentrée et ouverte, pour montrer les crochets qui sont alors intérieurs ; fig. 22, la langue, vue en dessus ; fig. 23, la même, vue en dessous ; fig. 24, un fragment de l'estomac, recouvert des granulations du foie ; fig. 25, le même, dépouillé de ces granulations ; fig. 26, l'appareil générateur ; fig. 27, la vésicule copulatrice ; fig. 28, la verge repliée ; fig. 29, l'animal ouvert par sa face supérieure, pour montrer surtout la disposition du système nerveux ; fig. 30, partie antérieure de l'animal ouverte en dessus, pour montrer la disposition des ganglions de l'anneau nerveux et des nerfs qui en partent en avant ; fig. 31, partie postérieure de la masse buccale et les ganglions buccaux ; fig. 32, l'anneau nerveux vu en dessus ; fig. 33, le même, vu de côté ; fig. 34, les ganglions cérébraux, vus en dessus ; fig. 35, les mêmes, vus en dessous ; fig 36, les ganglions sous-œsophagiens, vus en dessus ; fig. 37, les mêmes, vus en dessous ; fig. 38, les ganglions buccaux ; fig. 39, l'organe auditif ; fig. 40, extrémité postérieure du corps, vue du côté droit, pour montrer la branchie qui se trouve de ce côté ; fig. 41, la même, vue par-dessus, pour montrer les branchies terminales ; fig. 42, extrémité postérieure du corps, vue de face, pour montrer la disposition des branchies terminales ; fig. 43, le cœur et l'aorte ; fig. 44, une portion du manteau, grossie, pour montrer les cryptes muqueux de la peau.

(*Explication des lettres.* — &, corps cartilagineux, à usages inconnus ; *t'*, tentacules postérieurs ; *ε*, partie antérieure de la masse buccale ; *φ*, cœcums de la bouche ; *δ*, cloison intérieure, qui sépare la partie antérieure du corps, de la postérieure ; *œ*, aorte. — Les autres lettres ont la même signification que dans les planches précédentes.)

15 *bis*. Fig. 1. Clio boréal, *Pallas*, de grandeur naturelle, vu par sa face supérieure ; fig. 2, partie antérieure du même, très-grossie, les appendices buccaux développés ; fig. 3, la même, vue de côté ; fig. 4, la même, vue en dessous ; fig. 5, la tête, vue par devant ; fig. 6, un appendice buccal très-grossi ; fig. 7, disposition des fibres musculaires dans les nageoires ; fig. 8, l'animal grossi et ouvert en dessus, pour montrer ses parties intérieures ; fig. 9, le tube digestif ; fig. 10, la cavité buccale ouverte en dessus, pour montrer la langue et les mâchoires ; fig. 11, une mâchoire grossie ; fig. 12 et 13, crochets cornés de celles-ci ; fig. 14, l'appareil générateur ; fig. 15, la verge ; fig. 16, le collier nerveux, vu en dessus ; fig. 17, le même, vu en dessous ; fig. 18, le ganglion buccal ; fig. 19, la masse buccale et le ganglion buccal.

Fig. 20. Cymbulie de Péron, *Lamarck*, de grandeur naturelle et vue par sa face inférieure (la coquille représentée au trait seulement) ; fig. 21, partie antérieure de l'animal, très-grossie ; fig. 22, l'animal dépouillé de la coquille et vu en dessus, pour montrer le cœur, les branchies et le sac branchial ; fig. 23, la cavité viscérale ouverte et la masse des viscères enlevée, pour montrer les branchies grossies ; fig. 24, couches musculaires des nageoires ; fig. 25, la masse viscérale vue en dessus ; fig. 26, la même, vue du côté droit ; fig. 27, la même, vue en dessous ; fig. 28, la même, vue du côté gauche ; fig. 29, le tube digestif, moins les dernières parties de l'intestin ; fig. 30, la cavité buccale, ouverte en dessus ; fig. 31, plaques cornées des mâchoires ; fig. 32, l'estomac ouvert, pour montrer les plaques intérieures ; fig. 33, plaques de l'estomac, vues de profil ; fig. 34, la langue vue en dessus et par sa partie postérieure ; fig. 35, la matrice, la fin de l'oviducte, la vésicule copulatrice et le vagin ; fig. 36, le vagin ouvert, pour montrer les orifices intérieurs du second oviducte et de la vésicule copulatrice. (C'est par erreur que le premier oviducte *z* est représenté, sur cette figure, s'ouvrant dans le vagin ; il se continue avec le second oviducte ou la matrice.) Fig. 37, la verge ; fig. 38, l'anneau nerveux, vu en dessous ; fig. 39, le même, vu par devant ; fig. 40, le même vu en dessous et en arrière ; fig. 41, ganglions sous-œsophagiens antérieurs, pour montrer la disposition des organes auditifs sur ces ganglions.

(*Explication des lettres.* — Les lettres ont la même signification que dans la planche précédente.)

16.—Fig. 1. Firoloïde de Desmarest (femelle), *Lesueur*, grossie, vue du côté droit ; fig. 2, la même, vue du côté gauche ; fig. 3, l'extrémité postérieure du corps ou le nucléus, vu du côté droit ; fig. 4, le même, vu du côté gauche.

Fig. 5. Firoloïde de Lesueur (mâle), *nobis*, grossie, vue du côté droit ; fig. 6, l'extrémité postérieure du corps ou le nucléus, vu du côté droit ; fig. 7, le même, vu du côté gauche.

Fig. 8. Firole de Kéraudren (femelle), *nobis*, grossie, vue du côté droit ; fig. 9, l'extrémité postérieure du corps ou le nucléus, vu du côté gauche ; fig. 10, la même partie d'un individu mâle, vue du côté droit.

(*Explication des lettres.* — *a*, anus ; *b*, branchies ; *c*, cœur ; *d*, canal déférent ; *f*, foie ; *i*, intestin ; *o*, ovaire ; *v*, verge ; *x*, poche copulatrice ? *y*, verge ? *z*, testicule ?)

17.—Fig. 1. Carinairoïde placenta (femelle), *nobis*, grossie, vue du côté droit ; fig. 2, le nucléus très-grossi, vu du même côté ; fig. 3, le même, vu du côté gauche ; fig. 4, le même, vu par-dessus ; fig. 5, le même, vu par sa partie postérieure, pour montrer la coquille ; fig. 6, le nucléus d'un individu mâle, vu du côté droit ; fig. 7, la coquille, très-grossie, vue par le dos et un peu du côté droit ; fig. 8, la même, vue aussi par le dos et un peu du côté gauche ; fig. 9, la même, vue par le côté droit ; fig. 10, sa grandeur naturelle.

Fig. 11. Carinairoïde caudine (mâle), *nobis*, grossie, vue du côté droit ; fig. 12, le nucléus très-grossi, vu du même côté ; fig. 13, le même, vu du côté gauche ; fig. 14, un jeune individu mâle de la même espèce, très-grossi ; fig. 15, son nucléus, très-grossi ; fig. 16, coquille du même, à moitié brisée et très-grossie, vue du côté droit ; fig. 17, la même, vue du côté gauche ; fig. 18, sa grandeur naturelle.

Fig. 19. Carinaire de Gaudichaud (femelle), *nobis*, grossie, vue du côté droit ; fig. 20, sommet de la coquille, vu du côté droit ; fig. 21, le même, vu du côté gauche ; fig. 22, la bouche, vue de face.

(*Explication des lettres.* — *e*, coquille ; *l*, partie du nucléus, recouverte par la coquille ; *m*, manteau ; *d'*, orifice du vagin ; *t*, testicule. Les autres lettres ont la même signification que dans la planche précédente.)

18.—Fig. 1. Atlante de Kéraudren (mâle), *Lesueur*, très-grossie, vue par le côté droit ; fig. 2, la même, fixée au moyen de son pied-ventouse ; fig. 3, la coquille, vue par le côté droit ; fig. 4, la même, vue par le côté gauche ; fig. 5, la même, vue par la bouche ; fig. 6, la même, vue par le dos ; fig. 7, la tête de l'animal, vue en dessus ; fig. 8, la partie postérieure du pied, qui supporte l'opercule, vue par-dessous ; fig. 9, les parties antérieures de l'appareil mâle ; fig. 10 et 11, la coquille, très-jeune, vue par le côté droit et par la bouche ; fig. 12 et 13, la même, dans un âge un peu plus avancé, vue par la bouche et par le côté gauche ; fig. 14, l'opercule, vu par-dessus ; fig. 15, le même, vu par-dessous ou par sa face adhérente ; fig. 16, grandeur naturelle de la coquille ; fig. 17, grandeur naturelle de la coquille jeune.

Fig. 18. Atlante de Rang (mâle), *nobis*, très-grossie, vue par le côté droit ; fig. 19, la coquille, vue par le côté droit ; fig. 20, la même, vue par le côté gauche ; fig. 21, la même, vue par la bouche ; fig. 22, parties antérieures de l'appareil mâle ; fig. 23, l'opercule, vu par sa face adhérente ; fig. 24, grandeur naturelle de la coquille ; fig. 25, variété de l'*atlante de Rang* ; fig. 26, 27, 28, la coquille de la même, vue sous ses différents aspects ; fig. 29, les parties antérieures de l'appareil mâle.

Fig. 30. Atlante de Lamanon (mâle), *nobis*, très-grossie, vue par le côté droit ; fig. 31, 32, 33, 34, la coquille, vue sous ses différents aspects ; fig. 35, les parties antérieures de l'appareil mâle ; fig. 36, l'opercule ; fig. 37, grandeur naturelle de la coquille.

19.—Fig. 1. Atlante de Péron (mâle), *Lesueur*, très-grossie, vue du côté droit ; fig. 2, 3, 4, 5, la coquille vue sous ses différents aspects ; fig. 6, tête de l'animal, vue en dessus ; fig. 7, l'opercule ; fig. 8, grandeur naturelle de la coquille.

Fig. 9. Atlante inclinée (mâle), *nobis*, très-grossie, vue du côté droit ; fig. 10, 11, 12, 13, la coquille vue sous ses différents aspects ; fig. 14, l'opercule ; fig. 15, grandeur naturelle de la coquille.

Fig. 16. Atlante rose (mâle), *nobis*, très-grossie, vue du côté droit, fig. 17, 18, 19, la coquille vue sous ses différents aspects ; fig. 20, sa grandeur naturelle.

Planches.

19.—Fig. 21. Atlante renflée (mâle), *nobis*, très-grossie, vue du côté droit; fig. 22, 23, 24, 25, la coquille vue sous ses différents aspects; fig. 26, tête de l'animal, vue en dessus; fig. 27, l'opercule; fig. 28, grandeur naturelle de la coquille.

Fig. 29. Atlante de Gaudichaud (mâle), *nobis*, très-grossie, vue du côté droit; fig. 30, 31, 32, la coquille vue sous ses différents aspects; fig. 33, l'opercule; fig. 34, grandeur naturelle de la coquille.

20.—Fig. 1. Atlante de Lesueur (mâle), *nobis*, très-grossie, vue du côté droit; fig. 2, 3, 4, 5, la coquille vue sous ses différents aspects; fig. 6, l'opercule; fig. 7, grandeur naturelle de la coquille; fig. 9, variété de cette espèce; fig. 10, 11, 12, 13, sa coquille vue sous ses différents aspects; fig. 14, l'opercule; fig. 15, grandeur naturelle de la coquille.

Fig. 16. Atlante de Quoy (mâle), *nobis*, très-grossie, vue du côté droit; fig. 17, 18, 19, 20, la coquille vue sous ses différents aspects; fig. 21, l'opercule; fig. 22, grandeur naturelle de la coquille.

Fig. 23. Atlante hélicinoïde (mâle), *nobis*, très-grossie, vue du côté droit; fig. 24, 25, 26, 27, la coquille vue sous ses différents aspects; fig. 28, l'opercule; fig. 29, grandeur naturelle de la coquille; fig. 30, la même espèce représentée avec l'animal rentré dans sa coquille.

Fig. 31. Atlante déprimée (mâle), *nobis*, très-grossie, vue du côté droit; fig. 32, 33, 34, 35, la coquille vue sous ses différents aspects; fig. 36, l'opercule, fig. 37, grandeur naturelle de la coquille.

21.—Fig. 1. Atlante bossue (mâle), *nobis*, très-grossie, vue du côté droit; fig. 2, 3, 4, 5, la coquille vue sous ses différents aspects; fig. 6, sa grandeur naturelle; fig. 7, 8, variétés de la même?

Fig. 9. Atlante enroulée (mâle), *nobis*, très-grossie, vue du côté droit; fig. 10, 11, 12, 13, la coquille vue sous ses différents aspects; fig. 14, grandeur naturelle.

Fig. 15. Atlante brune (mâle), *nobis*, très-grossie, vue du côté droit; fig. 16, 17, 18, 19, la coquille vue sous ses différents aspects; fig. 20, l'opercule; fig. 21, grandeur naturelle de la coquille; fig. 22, variété de la même; fig. 23, 24, 25, 26, sa coquille vue sous ses différents aspects; fig. 27, l'opercule; fig. 28, la même, jeune âge? fig. 29, sa grandeur naturelle.

Fig. 30. Atlante turriculée (mâle), *d'Orbigny*, très-grossie, vue du côté droit; fig. 31, 32, 33, la coquille vue sous ses différents aspects; fig. 34, l'opercule; fig. 35, grandeur naturelle de la coquille.

22.—Fig. 1. Carinaire de la Méditerranée (mâle), *Péron* et *Lesueur*, grossie, vue du côté droit; fig. 2, le nucléus de la même, le péricarde ouvert, pour montrer le cœur, et une partie du foie enlevée, pour montrer la fin de l'intestin; fig. 3, une branchie grossie; fig. 4, la masse buccale, vue par-dessous; fig. 5, la masse buccale ouverte, pour montrer les plaques cornées; fig. 6, crochets latéraux de ces plaques, très-grossis; fig. 7, une des plaques médianes, très-grossie; fig. 8, partie supérieure de l'anneau œsophagien ou ganglions cérébraux grossis, vus par-dessus; fig. 9, les mêmes, vus par-dessous; fig. 10, les mêmes, vus de côté; fig. 11, ganglions sous-œsophagiens, vus par dessus; fig. 12, les mêmes, vus par-dessous; fig. 13, l'organe auditif grossi, et les nerfs qui l'unissent aux ganglions cérébraux; fig. 14, l'organe auditif, très-grossi.

Fig. 15. Carinairoïde placenta (femelle); le nucléus très-grossi, vu du côté droit et la peau enlevée, pour montrer la disposition des parties intérieures; fig. 16, une branchie grossie.

Fig. 17. Firole de Kéraudren (femelle); la partie postérieure du corps, comprenant le nucléus, très-grossie, vue du côté droit; fig. 18, la même, la peau et les couches superficielles enlevées, pour montrer les organes de la génération et les intestins; fig. 19, vésicule copulatrice; fig. 20, un œuf très-grossi.

(*Explication des lettres.* — *a*, anus; *b*, branchies; *b'*, masse buccale; *c*, cœur; *d*, canal déférent; *d'*, renflement du canal déférent? *e*, estomac; *f*, foie; *g*, ganglions cérébraux; *g'*, ganglions sous-œsophagiens; *g''*, ganglions viscéraux; *i*, intestin; *m*, matrice; *o*, ovaire; *o'*, orifice de la matrice ou du vagin; *q*, aorte et ses principaux troncs; *r*, organe auditif; *s*, glandes salivaires; *t*, testicule; *v*, verge; *v'*, partie accessoire de la verge; *x*, vésicule copulatrice; *y*, organe de la dépuration urinaire?)

23.—Fig. 1. Atlante de Péron (mâle), très-grossie, sur laquelle on voit, par transparence, toutes les parties de l'organisation intérieure; fig. 2, le collier œsophagien, les yeux et les ganglions buccaux; fig. 3, les ganglions cérébraux, vus par-dessus; fig. 4, les ganglions œsophagiens, vus de côté; fig. 5, l'organe auditif très-grossi; fig. 6, une coupe de l'œil et du tentacule; fig. 8, branchies; fig. 10, une branchie très-grossie; fig. 12, la masse buccale, vue de côté; fig. 13, le tube digestif; fig. 14, la masse buccale, vue par-dessus et ouverte, pour montrer les plaques cornées; fig. 15, la masse buccale, dépouillée de toutes les autres parties; fig. 16, crochets latéraux des plaques cornées, grossis; fig. 17, la masse buccale, dépouillée des plaques cornées; fig. 18, le cœur très-grossi, pour montrer la disposition des fibres musculaires du ventricule et de l'oreillette; fig. 19, le ventricule.

Fig. 7. Atlante de Kéraudren; l'organe de la dépuration urinaire? fig. 9, les branchies de la même; fig. 11, une de ces branchies, très-grossie; fig. 20, parties extérieures de l'appareil générateur mâle.

23 *bis*.— Atlante de Péron, très-grossie; *b'*, ouverture buccale; *d*, masse buccale; *k*, partie antérieure de l'animal qui rentre dans le manteau; *l*, expansion foliacée de la partie du pied qui supporte l'opercule; *m*, muscle; *m'*, manteau; *n*, nerfs; *o*, oreillette du cœur; *o'*, œil; *t'*, tentacules; *x*, renflement du conduit déférent; *z*, conduit de l'organe de la dépuration urinaire. — (Les autres lettres ont la même signification que dans la planche 22.)

24.— Fig. 1. Phyllirhoé bucéphale, *Lamarck*, grossi, vu du côté droit; fig. 2, la tête du même, vue de face et très-grossie; fig. 3, le même, très-grossi, pour montrer son organisation intérieure; fig. 4, l'appareil générateur; fig. 5, l'organe mâle, développé au dehors; fig. 6, la masse buccale, en partie mise à nu; fig. 7, la même, la couche musculaire superficielle enlevée, pour montrer les mâchoires cornées; fig. 8, la même, vue de côté; fig. 9, les mâchoires cornées; fig. 10, la langue, vue par sa face supérieure; fig. 11, la même, vue de côté; fig. 12, origine des cœcums hépatiques sur l'estomac; fig. 13, une glande salivaire, très-grossie; fig. 14, le collier nerveux, vu par dessus; fig. 15, le même, vu par-dessous; fig. 16, les ganglions du même, vus de côté; fig. 17, le ganglion buccal; fig. 18, l'organe auditif.

Fig. 19. Glaucus de Forster, *Lamarck*, très-grossi et ouvert par sa partie inférieure, pour montrer son organisation intérieure; fig. 20, la masse buccale et les glandes salivaires, vues en dessus; fig. 21, la même, vue de côté; fig. 22, l'appareil générateur; fig. 23, l'extrémité de la verge; fig. 24, la même, vue de côté; fig. 25, un fragment du cordon des œufs; fig. 26, l'appareil générateur déroulé; fig. 27, les deux orifices extérieurs de cet appareil.

(*Explication des lettres.* — *a*, anus; *c*, cœur; *d*, oviducte; *d'*, renflement de l'oviducte; *e*, estomac; *f*, foie; *i*, intestin; *k*, mâchoires cornées; *o*, ovaire ou organe hermaphrodite; *m*, matrice; *o'*, orifice extérieur de la matrice ou du vagin; *s*, glandes salivaires; *v*, verge; *v'*, son orifice extérieur; *x*, vésicule copulatrice; *z*, canal déférent.)

24 *bis*.— Fig. 1. Glaucus de Forster; partie antérieure du corps, très-grossie, vue par-dessus; fig. 2, la même, vue par-dessous; fig. 3, l'animal tout entier ouvert et le tube digestif enlevé en partie, pour montrer le cœur et le système nerveux; on voit aussi par transparence, sur cette figure, les granulations hépatiques, dans l'intérieur des appendices branchiaux; fig. 4, l'extrémité d'un de ces appendices, très-grossie; fig. 5, un des pédicules sur lesquels s'insèrent les appendices branchiaux; fig. 6, le point d'adhérence d'un de ces appendices, montrant au milieu, le canal hépatique, et sur les côtés, les vaisseaux branchiaux; fig. 7, les mâchoires cornées, vues de côté; fig. 8, les mêmes, vues par-dessous; fig. 9, la langue, vue en dessus; fig. 10, la même, vue de profil; fig. 11, le collier nerveux, vu en dessus; fig. 12, le même, vu en dessous; fig. 13, l'organe auditif grossi, situé entre les ganglions du collier; fig. 14, les ganglions buccaux; fig. 15, un des ganglions œsophagiens, et le principal nerf fourni par ce ganglion.

Fig. 16. Tergipe couronné, *d'Orbigny*, très-grossi, vu par-dessus; fig. 17, le même, vu par-dessous; fig. 18, le même, vu par le côté droit; fig. 19, un des tentacules postérieurs, très-grossi; fig. 20, un des appendices branchiaux, grossi; fig. 21, un autre de ces appendices; fig. 22, le même animal, très-grossi et ouvert par sa face inférieure, pour montrer le tube digestif; fig. 23, le même, pour montrer le cœur et l'appareil générateur; fig. 24, un appendice branchial, grossi, montrant par transparence les granulations hépatiques intérieures; fig. 25, la masse buccale, vue en dessus, avec les glandes salivaires autour de l'orifice de la bouche; fig. 26, la même, vue de côté; fig. 27, la langue vue en dessus; fig. 28, la même, vue de côté; fig. 29, partie antérieure de l'appareil générateur; fig. 30, le collier nerveux, vu en dessus; fig. 31, le même, vu en dessous.

(*Explication des lettres.*— *y*, vésicule qui vient s'ouvrir à l'orifice de la verge. Les autres lettres ont la même signification que dans la planche précédente.)

24 A.—Fig. 1. Éolide de Cuvier, *Lamarck*, vue en dessus; fig. 2, la même, vue par le côté droit; fig. 3, la même, vue en dessous; fig. 4, la même, vue par-dessus et dépouillée de ses appendices branchiaux, pour montrer l'insertion de ceux-ci et l'orifice de l'anus; fig. 5, un appendice branchial, très-grossi, pour montrer les granulations hépatiques intérieures; fig. 6, le même, pour montrer les vaisseaux branchiaux et leurs ramifications; fig. 7, un autre de ces appendices; fig. 8, une coupe de ces mêmes appendices, à leur partie moyenne; fig. 9, la même, à la partie supérieure; fig. 10, ligne d'insertion de ces appendices, très-grossie, pour montrer le canal hépatique central et les vaisseaux branchiaux situés sur les côtés; fig. 11, l'animal ouvert par sa face inférieure, pour montrer le tube digestif et l'appareil générateur; fig. 12, le tube digestif isolé, et une partie des canaux gastro-hépatiques; fig. 13, la masse buccale, vue par-dessous; fig. 14, la même, vue de côté; fig. 15, le collier nerveux, vu en dessus; fig. 16, le même, vu en dessous; fig. 17, les ganglions buccaux et les ganglions œsophagiens; fig. 18, une partie de l'appareil générateur (la verge, la fin de l'oviducte et la matrice) vue par sa face supérieure; fig. 19, la même, vue par-dessous; fig. 20, l'oviducte, la matrice, le canal déférent et la verge déroulés, pour montrer leurs connexions.

(*Explication des lettres.* —*e'*, œsophage; — les autres lettres ont la même signification que dans la planche précédente.

24 B.—Éolide de Cuvier, très-grossie, ouverte par la face intérieure, et le tube digestif en partie enlevé, pour montrer le cœur, le système nerveux, et l'appareil générateur; fig. 2, la masse buccale, ouverte par sa partie inférieure, pour montrer la langue; fig. 3, la langue, vue de profil; fig. 4, les plaques cornées de la langue, très-grossies et vues de côté; fig. 5, une de ces plaques, vue de face; fig. 6, les mâchoires cornées, vues en dessous; fig. 7, les mêmes, vues en dessus; fig. 8, les mêmes, vues de profil.

(*Explication des lettres.*— *i*, intestin; *y*, organe sécréteur, à fonctions inconnues.)

24 C.—Fig. 1. Janus de Spinola, *Vérany*, vu du côté droit; fig. 2, le même, vu par-dessous; fig. 3, le même, très-grossi et ouvert par la face inférieure, pour montrer le tube digestif et l'appareil de la génération; fig. 4, l'extrémité d'un appendice branchial, grossie, pour montrer les granulations hépatiques intérieures; fig. 5, partie antérieure de l'appareil générateur, déroulée; fig. 6, la masse buccale, vue en dessous; fig. 7, la même, vue de côté; fig. 8, la même, vue en dessus; fig. 9, la langue, vue en dessus; fig. 10, la même, vue en dessous; fig. 11, les mâchoires cornées, vues en dessous; fig. 12, les mêmes, vues de profil.

Fig. 13. Calliopée de Souleyet, *Vérany*, grossie et vue par-dessus; fig. 14, la même, vue par-dessous; fig. 15, la même, vue de profil; fig. 16, un appendice branchial très-grossi, pour montrer les ramifications hépatiques intérieures; fig. 17, un autre de ces appendices; fig. 18, l'animal très-grossi et ouvert par sa face inférieure, pour montrer le tube digestif; fig. 19, le même, pour montrer l'appareil générateur mâle et une partie de l'appareil générateur femelle; fig. 20, la masse buccale, vue en dessus; fig. 21, la même, vue en dessous; fig. 22, la même, vue de côté; fig. 23, la même, ouverte pour montrer la langue; fig. 24, les crochets de la langue grossis; fig. 25, l'appareil généra-

Planches.

24 C.—teur femelle; fig. 26, la verge; fig. 27, le collier nerveux, vu en dessus; fig. 28, le même, vu en dessous.

(*Explication des lettres.* — *l'*, la langue; *y*, appareil sécréteur particulier, annexé à l'appareil générateur mâle; — les autres lettres ont la même signification que dans la planche précédente.)

24 D.—Fig. 1. ELYSIE VERTE, *Cantraine*, grossie deux fois, vue par-dessus; fig. 2, la même, vue par-dessous; fig. 3, la même, vue de côté; fig. 4, la même, très-grossie, vue par la face supérieure et étalée pour montrer l'appareil respiratoire; sur cette figure, la poche respiratoire est ouverte, et, en avant de cette poche, la peau est enlevée pour montrer le cœur, l'aorte, l'appareil générateur, le collier nerveux et la masse buccale; fig. 5, paroi supérieure de la poche respiratoire, avec les vaisseaux pulmonaires qui se rendent dans l'oreillette du cœur; en avant de celle-ci, le ventricule et le commencement de l'aorte; fig. 6, l'animal, très-grossi et vu par sa face supérieure, la peau et l'appareil respiratoire enlevé, pour montrer la couche superficielle du foie, l'appareil générateur et la couche hépatique profonde; fig. 7, le tube digestif et une couche du foie, avec les principaux canaux biliaires; fig. 8, le tube digestif, les ganglions buccaux et stomacaux; fig. 9, la masse buccale, vue de côté; fig. 10, la masse buccale, ouverte en dessus, pour montrer la langue; fig. 11, la langue, vue de profil; fig. 12, l'appareil générateur mâle et une partie de l'appareil générateur femelle; fig. 13, un cœcum de l'appareil mâle grossi, pour montrer l'appareil sécréteur particulier qui accompagne ces cœcums; fig. 14, l'appareil générateur femelle; fig. 15, une portion de l'ovaire, très-grossie; fig. 16, le collier nerveux, vu en dessus; fig. 17, le même, vu en dessous.

(*Explication des lettres.* — *p*, orifice de la poche pulmonaire; *l*, la langue. Les autres lettres ont la même signification que dans les planches précédentes.)

24 E.—DIPHYLLIDIE RAYÉE, *Otto*, vue en dessus; fig. 2, la même, vue en dessous; fig. 3, la même, vue de côté; fig. 4, la même, grossie et ouverte par sa face inférieure, pour montrer le tube digestif et l'appareil générateur; fig. 5, le tube digestif, isolé; fig. 6, la masse buccale, vue de côté; fig. 7, la masse buccale, ouverte en dessus, pour montrer la langue; fig. 8, crochets cornés de la langue, très-grossis; fig. 9, un crochet isolé, vu de profil; fig. 10, une des ramifications hépatiques, dans les lames branchiales; fig. 11, un fragment de la même, très-grossi; fig. 12, feuillets branchiaux antérieurs, pour montrer leur réseau vasculaire; fig. 13, l'animal ouvert par sa face inférieure, les appareils digestif et générateur en partie enlevés, pour montrer le cœur, l'aorte et les canaux hépatiques; fig. 14, l'appareil générateur isolé et déroulé; fig. 15, zoospermes trouvés dans la vésicule copulatrice; fig. 16, le collier nerveux, vu en dessus; fig. 17, le même, vu en dessous.

(*Explication des lettres.* — *b*, branchies; *t*, tentacules. — Les autres lettres ont la même signification que dans les planches précédentes.)

25.—Fig. 1. DORIS SANDWICHIENNE, *nobis*, vue en dessus; fig. 2, la même, vue en dessous; fig. 3 et 4, une portion des branchies grossie.

Fig. 5. DORIS RAYÉE, *nobis*, vue de côté; fig. 6, la même vue en dessus; fig. 7, les branchies grossies; fig. 8, un tentacule grossi; fig. 9, une des lames branchiales grossie.

Fig. 10. APLYSIE DE OAHOU, *nobis*, vue par le côté droit; fig. 11, la coquille vue en dessus; fig. 12, la même, vue en dessous; fig. 13, la même vue de profil.

Fig. 14, BULLE BANDEROLE, *Linné*, l'animal vu en dessus; fig. 15, le pied de l'animal et la tête, vus en dessous; fig. 16 et 17, variétés de la coquille.

Fig. 18. BULLE FASCIÉE, *Bruguière*, l'animal vu en dessus.

26.—Fig. 1. GASTÉROPTÈRE DE MECKEL, *Kosse*, vu en dessus; fig. 2, le même, vu en dessous; fig. 3, le même, vu de côté; fig. 4, le même grossi, vu en dessus, les viscères mis à découvert et séparés les uns des autres; cette figure montre aussi les ramifications artérielles et nerveuses dans les expansions du pied; fig. 5, deux lames branchiales, grossies; fig. 6, le tube digestif isolé et le foie, l'estomac ouvert, pour montrer les orifices des canaux biliaires; fig. 7, le même, sans le foie; fig. 8, la masse buccale, vue de côté; fig. 2, la même, ouverte en dessus, pour montrer la langue; fig. 10, 11, 12, crochets cornés de la langue; fig. 13, système veineux; fig. 14, l'appareil générateur déroulé; fig. 15, le même, la poche urinaire?, et un organe sécréteur particulier annexé à l'appareil générateur; fig. 16, le collier nerveux vu en dessus; fig. 17, le même, vu en dessous.

(*Explication des lettres.* — *a*, anus; *b*, branchies; *b'*, bouche; *c*, cœur; *d*, oviducte; *d'*, renflement de l'oviducte; *e*, estomac; *e'*, œsophage; *f*, foie; *i*, intestin; *h*, renflement lingual; *m*, matrice; *o*, ovaire ou organe hermaphrodite; *o'*, orifice postérieur de l'appareil générateur; *q*, aorte; *s*, glandes salivaires; *x*, vésicule copulatrice; *y*, organe de la dépuration urinaire; *v*, verge; *v'*, orifice de la verge; λ, organe sécréteur particulier annexé à l'appareil générateur.

27.—Fig. 1. OMBRELLE INDIENNE, *Lamarck*, vue en dessus; fig. 2, la même, dépouillée de sa coquille, pour montrer les branchies et l'anus; fig. 3, la même, vue en dessous; fig. 4, la coquille, vue en dessous; fig. 5, la même, vue de profil; fig. 6, la masse buccale ouverte, pour montrer la langue; fig. 7, la langue, vue en dessous; fig. 8, le tube digestif, le foie, l'appareil générateur et le cœur; fig. 9, l'appareil générateur grossi et déroulé; fig. 10, une branchie grossie; fig. 11, le collier nerveux, vu en dessus; fig. 12, le même, vu en dessous.

(*Explication des lettres.* — *a*, anus; *b*, bouche; *c*, cœur; *d*, oviducte; *d'*, renflement de l'oviducte; *e*, estomac; *e'*, œsophage; *f*, foie; *g*, ganglion; *h*, langue; *i*, intestin; *k*, manteau; *n*, tête; *o*, ovaire; *p*, vésicule copulatrice; *r*, organe auditif; *s*, glandes salivaires; *s'*, conduits excréteurs de celles-ci; *u*, orifice de l'appareil générateur; *v*, verge? *y*, organe sécréteur, testicule? *x*, portion granuleuse de la matrice; *z*, circonvolutions de la matrice.)

28.—Fig. 1. VAGINULE DE LUÇON, *nobis*, vue en dessus; fig. 2, la même, vue en dessous; fig. 3, la même, vue de côté.

Planches.

28.—Fig. 4. VAGINULE DE TOURANNE, *nobis*, vue en dessus; fig. 5, la même, vue en dessous; fig. 6, la même, contractée; fig. 7, partie antérieure, pour montrer les tentacules.

Fig. 8. LIMACE SANDWICHIENNE, *nobis*, vue du côté droit; fig. 9, la coquille, vue en dessus; fig. 10, la même, vue en dessous; fig. 11, la même, vue de côté.

Fig. 12. VITRINE FASCIÉE, *nobis*, vue du côté droit; fig. 13 et 14, sa coquille, vue en dessus et en dessous.

Fig. 15. VITRINE COUVERTE, *nobis*, vue du côté droit; fig. 16 et 17, sa coquille, vue par la face inférieure et par la bouche.

Fig. 18. AMBRETTE FRAGILE, *nobis*, vue par-dessus; fig. 19 et 20, sa coquille, vue en dessus et en dessous.

Fig. 21. HÉLICE DE DARONDEAU, *nobis*, vue par la bouche; fig. 22 et 23, la même, vue en dessus et en dessous.

Fig. 24. HÉLICE DE CHEVALIER, *nobis*, vue par la bouche; fig. 25 et 26, la même, vue en dessus et en dessous.

Fig. 27. HÉLICE DE MACKENSIE, *nobis*, vue par la bouche; fig. 28 et 29, la même, vue en dessus et en dessous.

Fig. 30. HÉLICE DÉVIÉE, *nobis*, vue par-dessus; fig. 31, sa coquille, vue par la bouche.

Fig. 32. HÉLICE ÉGARÉE, *nobis*, vue par-dessus; fig. 33, sa coquille, vue par la bouche; fig. 24, la même grossie, pour montrer les détails de la bouche.

29.—Fig. 1. HÉLICE DE TOURANNE, *nobis*; fig. 2, sa coquille, vue par la bouche.

Fig. 3. HÉLICE PEAU DE RENARD, *Férussac*; fig. 4, sa coquille, vue par la bouche.

Fig. 5. HÉLICE DÉCORÉE, *Férussac*; fig. 6, sa coquille, vue par la bouche.

Fig. 7. HÉLICE TURRITELLE, *Férussac*; fig. 8, sa coquille, vue par la bouche.

Fig. 9. PARTULE DE DUMARTROY, *nobis*, grossie; fig. 10, sa coquille grossie, vue par la bouche; fig. 11, grandeur naturelle.

Fig. 11. BULIME OMBILIQUÉ, *nobis*; fig. 13, 14, sa coquille; fig. 15, la même grossie, vue du côté de l'ombilic.

Fig. 16. CLAUSILIE COCHINCHINOISE, *Pfeiffer*; fig. 17, sa coquille, vue par la bouche; fig. 18, partie antérieure de la même, grossie.

Fig. 19. AURICULE DE JUDAS, *Lamarck*, vue du côté droit; fig. 20, la même, vue en dessus.

Fig. 21. AURICULE DE CHAT, *Lamarck*, vue en dessus; fig. 22, la même, vue du côté droit; fig. 23, partie inférieure du pied et de la tête.

Fig. 24. AURICULE BRUNE, *Philippi*, grossie, vue du côté gauche; fig. 25, la même, vue en dessus; fig. 26, le pied et la tête, vus en dessous; fig. 27, la coquille, vue par la bouche; fig. 28, sa grandeur naturelle.

Fig. 29. AURICULE SANDWICHIENNE, *nobis*, un peu grossie, vue en dessus; fig. 30, le pied et la tête, vus en dessous; fig. 31, la coquille, vue par la bouche; fig. 32, sa grandeur naturelle.

Fig. 33. LYMNÉE DE LUÇON, *nobis*, vu par-dessus, la coquille en grande partie recouverte par le manteau; fig. 34, le pied et la tête, vus en dessous; fig. 35, la tête, vue en dessus, la verge, en partie développée; fig. 36, la coquille, vue en dessus; fig. 37, la même, vue par la bouche.

Fig. 38. LYMNÉE DE OAHOU, *nobis*, grossi, vu en dessus; fig. 39, la coquille, vue par la bouche; fig. 40, le pied et la tête, vus en dessous; fig. 41, grandeur naturelle de la coquille.

Fig. 42. LYMNÉE VOISINE, *nobis*, grossie, vue en dessus; fig. 43, la coquille vue par la bouche; fig. 44, sa grandeur naturelle.

30.—Fig. 1. HÉLICINE SANDWICHIENNE, *nobis*, grossie, vue en dessus; fig. 2 et 3, la coquille, vue en dessous et par la bouche; fig. 4, l'opercule; fig. 5, la grandeur naturelle de la coquille.

Fig. 6. CYCLOSTOME ANGULIFÈRE, *nobis*, vu en dessus; fig. 7, la coquille, vue en dessous; fig. 8, la même, vue par la bouche; fig. 9, l'opercule, vu en dessus; fig. 10, le même, vu en dessous ou par sa face adhérente; fig. 11, le même, vu de côté.

Fig. 12. CYCLOSTOME DE LA GIRONNIÈRE, *nobis*; la coquille, vue en dessus; fig. 13, la même, vue en dessous; fig. 14, la même, vue par la bouche; fig. 15 et 16, l'opercule vu en dessus et en dessous; fig. 17, le même, vu de profil.

Fig. 18. CYCLOSTOME TROCHIFORME, *Lamarck*, vu par le côté droit; fig. 19, la coquille, vue en dessous; fig. 20, la même, vue par la bouche; fig. 21, l'opercule.

Fig. 22. CYCLOSTOME SUBTROCHIFORME, *nobis*; la coquille, vue en dessus; fig. 23, la même, vue en dessous; fig. 24, la même, vue par la bouche.

Fig. 25. CYCLOSTOME TROMPETTE, *Sowerby*; la coquille, vue en dessus; fig. 26, la même, vue en dessous; fig. 27, la même, vue par la bouche.

Fig. 28. CYCLOSTOME DE TOURANNE, *nobis*; la coquille grossie, vue en dessus; fig. 29 et 30, la même, vue par la bouche et en dessous; fig. 31, l'opercule; fig. 32, grandeur naturelle.

Fig. 33. CYCLOSTOME DE GABREL, *nobis*; la coquille grossie, vue en dessus; fig. 34, 35, la même, vue par la bouche et en dessous; fig. 36, l'opercule; fig. 37, grandeur naturelle.

Fig. 38. CYCLOSTOME TACHETÉ, *nobis*, vu en dessus; fig. 39, la coquille, vue par la bouche; fig. 40, la même, vue en dessous; fig. 41, l'opercule.

31.—Fig. 1. MÉLANIE RAYÉE, *Férussac*, vue en dessus; fig. 2, l'opercule.

Fig. 3. MÉLANIE THIARE, *Lamarck*.

Fig. 4. MÉLANIE DE TOURANNE, *nobis*; la coquille, vue en dessus; fig. 5, la même, vue par la bouche; fig. 6, la même, au trait, pour montrer le bord droit de la bouche, de profil; fig. 7, l'opercule.

Fig. 8. MÉLANIE TURRITELLE, *nobis*; la coquille vue en dessus; fig. 9, la même, vue par la bouche; fig. 10, la même, au trait, pour montrer la bouche de profil; fig. 11, l'opercule.

Fig. 12. MÉLANIE INDIENNE, *nobis*, vue en dessus; fig. 13, la coquille, vue par la bouche; fig. 14, la même, au trait, pour montrer la bouche de profil; fig. 15, l'opercule.

Fig. 16, MÉLANIE SCULPTÉE, *nobis*; la coquille, vue en dessus; fig. 17, la même, vue par la bouche; fig. 18, la même, au trait, pour montrer la bouche de profil.

Planches.

31.—Fig. 19. VALVÉE SILLONNÉE, *nobis*; la coquille, vue en dessus; fig. 20, la même, vue par la bouche; fig. 21, l'opercule.

Fig. 22. PALUDINE TRONQUÉE, *nobis*; la coquille, vue en dessus; fig. 23, la même, vue en dessous; fig. 24, l'opercule.

Fig. 25. PALUDINE AMPULLIFORME, *nobis*, vue en dessus; fig. 26, la coquille, vue par la bouche; fig. 27, l'opercule.

Fig. 28. PALUDINE BOUEUSE, *nobis*, vue en dessus; fig. 29, la coquille, vue par la bouche; fig. 30, l'opercule.

Fig. 31. LITTORIDINE DE GAUDICHAUD, *nobis*, grossie, vue en dessus; fig. 32, la coquille, vue par la bouche; fig. 33, l'opercule.

Fig. 34. LITTORINE SÉRIALE, *nobis*, vue en dessus; fig. 35, la coquille, vue par la bouche; fig. 36, l'opercule.

Fig. 37. LITTORINE MONILIFÈRE, *nobis*; la coquille, vue en dessus; fig. 38, la même, vue par la bouche; fig. 39, l'opercule.

Fig. 40. LITTORINE VARIÉE, *nobis*, vue en dessus; fig. 41, la coquille, vue par la bouche; fig. 42, l'opercule.

Fig. 43. LITTORINE COSTULÉE, *nobis*; la coquille, vue en dessus; fig. 44, la même, vue par la bouche; fig. 45, l'opercule.

Fig. 46. LITTORINE RAYONNÉE, *nobis*; la coquille, vue en dessus; fig. 47, la même, vue par la bouche.

32.—Fig. 1. AURICULE BRUNE; l'animal très-grossi, vu par le dos, la poche pulmonaire ouverte; fig. 2, le même, vu par le pied, les viscères isolés les uns des autres; fig. 3, la poche pulmonaire, proprement dite, et le cœur; fig. 4, la masse buccale, vue en dessus; fig. 5, la même ouverte, pour montrer la langue; fig. 6, l'appareil générateur; fig. 7, les ganglions cérébraux; fig. 8, les ganglions sous-œsophagiens.

(*Explication des lettres.* — *a*, anus; *b*, masse buccale; *c*, cœur; *d*, oviducte; *d'*, second oviducte ou vagin; *c'*, œsophage; *e*, estomac; *f*, foie; *i*, intestin; *l*, langue; *m*, muscles; *o*, ovaire ou organe hermaphrodite; *p*, poumon; *p'*, l'orifice de la poche pulmonaire; *q*, la veine pulmonaire; *r*, l'aorte; *s*, les glandes salivaires; *v*, verge; *v'*, son orifice; *x*, vésicule copulatrice; *y*, glandes lobulées, annexées au second oviducte ou vagin; *z*, organe de la dépuration urinaire; *z'*, son orifice extérieur.

Fig. 9. LITTORIDINE DE GAUDICHAUD, mâle; l'animal très-grossi, vu en dessus, la poche branchiale ouverte; fig. 10; le pied, vu en dessous; fig. 11, le tube digestif, vu en dessus; fig. 12, la masse buccale, vue en dessous; fig. 13, la même, vue de côté; fig. 14, une partie du ruban lingual, très-grossie; fig. 15, plaques médianes du même; fig. 16, plaques latérales; fig. 17, l'appareil générateur mâle isolé et très-grossi; fig. 18, cœcums du testicule; fig. 19, ganglions sus-œsophagiens.

(*Explication des lettres.*—*a*, anus; *b*, branchie; *b'*, masse buccale; *d*, canal déférent; *e*, estomac; *c'*, œsophage; *f*, foie; *i*, intestin; *l*, langue; *m*, muscle; *s*, glandes salivaires; *t*, testicule; *v*, verge; *x*, organe de la dépuration ordinaire; *x'*, son orifice extérieur; *y*, organe sécréteur particulier, à fonctions inconnues.)

33.—Fig. 1. LITTORINE LITTORALE, *Lamarck*, mâle; l'animal très-grossi, vu en dessus, la poche branchiale ouverte; fig. 2, la même (individu femelle), une partie des viscères mis à découvert; fig. 3, le pied, vu par sa face inférieure; fig. 4, partie antérieure du tube digestif (masse buccale et œsophage), vue en dessous; fig. 5, la même, vue de côté; fig. 6, la masse buccale ouverte, pour montrer le renflement lingual; fig. 7, une partie du ruban lingual, très-grossie; fig. 8, une des plaques médianes de ce dernier; fig. 9, plaques latérales; fig. 10, une lame branchiale, vue de profil; fig. 11, la matrice et le vagin; fig. 12, le collier nerveux; fig. 13, le même, très-grossi; fig. 14, les ganglions buccaux.

Explication des lettres.— *b'*, partie saillante qui longe la branchie; *c*, cœur; *d*, canal déférent (chez le mâle), oviducte (dans la femelle); *g'*, ganglions buccaux; *h*, canaux biliaires; *k*, renflement lingual; *l*, ruban lingual; *n*, aorte; *o*, ovaire; *o'*, orifice extérieur de l'appareil générateur femelle; *u*, matrice. — Les autres lettres ont la même signification que sur les figures relatives à la *Littoridine de Gaudichaud.*)

34.—Fig. 1. NÉRITE DE YOLDI, *Recluz*; fig. 2 et 3, la coquille; fig. 4, l'opercule.

Fig. 5. NÉRITE GÉORGIENNE, *Recluz*; fig. 6, 7, la coquille.

Fig. 8. NÉRITE COULEUR DE POIX, *Recluz*; fig. 9, 10, la coquille; fig. 11, l'opercule.

Fig. 12. NÉRITE VÊTUE, *nobis*; fig. 13, 14, la coquille; fig. 15, l'opercule.

Fig. 16. NÉRITE DE GAIMARD, *nobis*; fig. 17, 18, la coquille; fig. 19, l'opercule.

Fig. 20. NÉRITE DE MICHAUD, *Recluz*; fig. 21, 22, la coquille; fig. 23, l'opercule.

Fig. 24. NÉRITE RUGUEUSE, *Recluz*; fig. 25, 26, la coquille; fig. 27, l'opercule.

Fig. 28. NÉRITE DE TOURANNE, *nobis*; la coquille grossie, vue de côté; fig. 29, 30, la même, vue en dessus et en dessous; fig. 31, grandeur naturelle.

Fig. 32. NÉRITE INDIENNE, *nobis*; fig. 33, 34, la coquille; fig. 35, l'opercule.

Fig. 36. NÉRITE DE TAÏTI, *Lesson*; fig. 37, 38, la coquille; fig. 39, l'opercule.

Fig. 40. NÉRITE SUBAILÉE, *nobis*; la coquille, vue du côté droit; fig. 41, 42, la même, vue en dessus et en dessous.

Fig. 43. NÉRITE DE NUTALL, *Recluz*; fig. 44, 45, la coquille; fig. 46, l'opercule.

Fig. 47. NAVICELLE DE LUÇON, *nobis*; la coquille, vue en dessus; fig. 48, la même, vue en dessous.

35.—Fig. 1. NATICE GLAUQUE, *Humboldt*, vue par-dessus; fig. 2, la même, vue par le pied; fig. 3, l'opercule.

Fig. 4. NATICE DE CHEMNITZ, *Recluz*, vue en dessus; fig. 5, l'opercule.

Fig. 6. NATICE DE SEBA, *nobis*; la coquille, vue par la bouche; fig. 7, la même, vue en dessus.

Fig. 8. NATICE FIBREUSE, *nobis*, vue en dessus; fig. 9, 10, la coquille, vue en dessous et en dessus; fig. 11, l'opercule.

Fig. 12. NATICE JAUNE ROUX, *nobis*, vue en dessus; fig. 13, 14, la coquille; fig. 15, l'opercule.

Fig. 16. NATICE MAMELLE (var.), *Lamarck*, vue en dessus; fig. 17, l'opercule.

Fig. 18. NATICE MACULEUSE, *Lamarck*, vue en dessus.

Fig. 19. SIGARET LISSE, *Lamarck*, vu en dessus; fig. 20, 21, l'opercule.

Fig. 22. SIGARET CONCAVE, *Lamarck*; l'opercule.

Planches.

36.—Fig. 1. MODULE TROCHIFORME; l'animal grossi, vu en dessus et la cavité branchiale ouverte; fig. 2, partie antérieure du même, vue du côté droit; fig. 3, le pied, vu en dessous; fig. 4, la masse buccale, vue de côté; fig. 5, la même, vue en dessous.

Fig. 6. NATICE MARBRÉE, *Lamarck*; l'animal, vu en dessus et la cavité branchiale ouverte; fig. 7, le tube digestif vu par-dessous (masse buccale et œsophage); fig. 8, le même, vu en dessus; fig. 9, la masse buccale, vue de côté; fig. 10, le cœur et le bulbe aortique; fig. 11, une partie du ruban lingual, très-grossie; fig. 12, plaques médianes et latérales de ce dernier; fig. 13, le collier nerveux, vu en dessus; fig. 14, le même, vu en dessous; fig. 15, les ganglions buccaux.

(*Explication des lettres.* — *q*, le bulbe aortique. Les autres lettres ont la même signification que dans la planche 33.)

37.—Fig. 1. LITIOPE BOUCHE-NOIRE, *Rang*, très-grossi, l'animal vu de côté; fig. 2, le même, vu en dessus; fig. 3, l'animal, vu par sa face inférieure ou par le pied; fig. 4, l'opercule; fig. 5, la coquille (jeune âge); fig. 6, grandeur naturelle; fig. 7, variété du même, la coquille vue par la bouche; fig. 8, la même, vue en dessus; fig. 9, grandeur naturelle.

Fig. 10. CADRAN STRIÉ, *Lamarck*, vu en dessus; fig. 11, le même, l'animal vu de côté; fig. 12, l'animal du même, vu en partie par le pied; fig. 13, 14, l'opercule, vu en dessus et en dessous.

Fig. 15. TURBO ÉLEVÉ, *nobis*, vu de côté; fig. 16, 17, la coquille; fig. 18, 19, l'opercule.

Fig. 20. TURBO RAYONNÉ, *Gmelin*, l'animal vu de côté; fig. 21, le même, vu en dessus; fig. 22, l'opercule.

Fig. 23. TROQUE SANDWICHIEN, *nobis*, l'animal vu en dessus; fig. 24, la coquille, vue par la bouche.

Fig. 25. MODULE TROCHIFORME, *nobis*, l'animal vu du côté droit; fig. 26, le même, vu en dessus; fig. 27, la coquille; fig. 28, la même, vue par la bouche; fig. 29, la même, vue par sa face inférieure; fig. 30, 31, l'opercule, vu en dessous et en dessus.

Fig. 32. DAUPHINULE NOIRE, *Reeve*, l'animal vu en dessus; fig. 33, la même, l'animal vu de côté; fig. 34, 35, l'opercule, vu en dessus et en dessous.

38.—Fig. 1. TURBO SCABRE, *Lamarck*; l'animal grossi, vu en dessus, la poche branchiale ouverte et une partie des viscères mis à nu; fig. 2, le tube digestif isolé et vu en dessus, le cul-de-sac spiroïde de l'estomac, ouvert; fig. 3, la masse buccale et le commencement de l'œsophage, vus de côté; fig. 4, la même, vue en dessus et ouverte, pour montrer le renflement lingual; fig. 5, l'extrémité antérieure de la plaque linguale; fig. 6, une des épines de cette plaque, grossie; fig. 7, une partie du ruban lingual, très-grossie; fig. 8, une plaque latérale du même, très-grossie, vue de face; fig. 9, la même, vue de profil; fig. 10, plaques médianes du même; très-grossies; fig. 11, les mêmes; fig. 12, une de ces plaques, vue de profil; fig. 13, le cul-de-sac en spirale de l'estomac, vu par une coupe horizontale; fig. 14, le cœur, enveloppé par l'intestin; fig. 15, le même, isolé; fig. 16, l'utérus; fig. 17, une villosité de la paroi intérieure de ce dernier; fig. 18, le collier nerveux.

(*Explication des lettres.* — *æ*, dilatation œsophagienne ou jabot; *a*, anus; *b*, branchies; *c'*, œsophage; *e*, estomac; *ε*, prolongement en spirale de l'estomac; *f*, foie; *g*, ganglions buccaux; *i*, intestin; *l*, renflement lingual; *l'*, ruban lingual; λ, bulbe de l'oreillette; *m*, muscle; *o*, ovaire; ω, oreillette; φ, aorte; *q*, veines; *q'*, veine branchiale; *u*, utérus; *y*, organe sécréteur particulier, à fonctions inconnues; *x*, organe de la dépuration urinaire; *x'*, son orifice extérieur; *v*, ventricule du cœur.)

39.—Fig. 1. CÉRITE OBTUSE, *Lamarck*, l'animal vu de côté; fig. 2, l'opercule.

Fig. 3. CÉRITE DE TOURANNE, *nobis*, l'animal vu en dessus; fig. 4, la coquille, vue par la bouche; fig. 5, l'opercule.

Fig. 6. CÉRITE DE MONTAGNE, *d'Orbigny*; la coquille, vue par le dos; fig. 7, la même, vue par la bouche.

Fig. 8. POURPRE OUVERTE, *Blainville*, vue en dessus; fig. 9, la coquille, vue par la bouche; fig. 10, l'opercule.

Fig. 11. POURPRE TUBERCULÉE, *Blainville*, vue en dessus; fig. 12, la coquille, vue par la bouche; fig. 13, l'opercule.

Fig. 14. POURPRE HARPE, *Conrad*, vue en dessus; fig. 15, la coquille, vue par la bouche; fig. 16, l'opercule.

Fig. 17. POURPRE ONDÉE (var.), *Lamarck*, vue en dessus; fig. 18, la coquille, vue par la bouche; fig. 19, l'opercule.

Fig. 20. POURPRE DE CHUSAN, *nobis*, vue en dessus; fig. 21, la coquille, vue par la bouche; fig. 22, l'opercule.

Fig. 23. POURPRE KIOSQUIFORME, *Duclos*, vue en dessus; fig. 24, la coquille, vue par la bouche; fig. 25, l'opercule.

Fig. 26. POURPRE CASSIDIFORME, *Blainville*, vue en dessus; fig. 27, la coquille, vue par la bouche; fig. 28, l'opercule; fig. 29, le même, pour montrer les stries d'accroissement.

Fig. 30. POURPRE DE POTHUAU, *nobis*; la coquille, vue par le dos; fig. 31, la même, vue par la bouche.

Fig. 32. POURPRE CRASSILABRE, *nobis*, vue en dessus; fig. 33, la coquille, vue par la bouche; fig. 34, l'opercule.

Fig. 35. LICORNE STRIÉE, *Lamarck*, vue en dessus; fig. 36, la coquille, vue par la bouche; fig. 37, l'opercule.

40.—Fig. 1. POURPRE DU PÉROU, *nobis*, vue en dessus; fig. 2, la coquille, vue par la bouche; fig. 3, l'opercule.

Fig. 4. POURPRE CARINIFÈRE, *Lamarck*, vue en dessus; fig. 5, la coquille, vue par la bouche; fig. 6, l'opercule.

Fig. 7. POURPRE BÉZOARD, *Blainville*, vue en dessus; fig. 8, l'opercule; fig. 9, 10, 11, 12, la même (jeune âge).

41.—Fig. 1. BUCCIN CRÉNELÉ, *Bruguière*, vu en dessus; fig. 2, le pied, vu en dessous; fig. 3, la coquille, vue par la bouche; fig. 4, l'opercule.

Fig. 5. BUCCIN BOUCHE-JAUNE, *Broderip*, vu en dessus; fig. 6, la coquille, vue par la bouche; fig. 7, l'opercule.

Planches.

41.—Fig. 8. Buccin hérissé, *Kiener*, vu en dessus; fig. 9, la coquille, vue par la bouche; fig. 10, l'opercule.

Fig. 11. Buccin perlé, *Lamarck*, vu en dessus; fig. 12, la coquille, vue par la bouche, fig. 13, l'opercule.

Fig. 14. Buccin olivatre, *Bruguière*, vu en dessus; fig. 15, 16, l'opercule; fig. 17, variété du même; fig. 18, la coquille; fig. 19, l'opercule.

Fig. 20. Buccin dentifère, *Powis*; la coquille vue par le dos; fig. 21, la même, vue par la bouche.

Fig. 22. Buccin bolivien, *nobis*; la coquille grossie, vue par le dos; fig. 23, la même, vue par la bouche; fig. 24, l'opercule.

Fig. 25. Buccin civette, *Kiener*, vu en dessus; fig. 26, la coquille, vue par la bouche; fig. 27, l'opercule.

Fig. 28. Éburne canaliculée, *Lamarck*, vue en dessus; fig. 29, le pied, vu en dessous; fig. 30, l'opercule.

Fig. 31. Vis tachetée, *Lamarck*, l'animal vu de côté; fig. 32, l'animal vu en dessus; fig. 33, le pied, vu en dessous; fig. 34, la verge; fig. 35, 36, l'opercule vu en dessus et en dessous; fig. 37, le même, au trait, pour montrer les stries d'accroissement.

Fig. 38. Vis foret, *Lamarck*, l'animal vu en dessus; fig. 39, l'animal vu de profil; fig. 40, 41, l'opercule.

42.—Fig. 1. Buccin fusiforme, *nobis*, vu en dessus; fig. 2, la coquille, vue par la bouche; fig. 3, l'opercule.

Fig. 4. Pyrule trompette, *Lamarck*, vue en dessus; fig. 5, 6, l'opercule vu en dessus et en dessous.

Fig. 7. Pyrule chauve-souris, *Lamarck*, vue en dessus; fig. 8, la coquille, vue par la bouche; fig. 9, l'opercule; fig. 10, variété de la même, l'animal vu du côté droit; fig. 11, la coquille, vue par le dos; fig. 12, l'opercule.

43.—Fig. 1. Pyrule trompette (mâle); l'animal dépouillé de sa coquille, vu en dessus; fig. 2, le même, vu en dessous ou par le pied; fig. 3, le même, vu en dessus, la trompe développée et la cavité branchiale ouverte; le péricarde est aussi ouvert, pour montrer le cœur; fig. 4, individu du sexe femelle, vu en dessus, et dans la même disposition que le précédent; fig. 5, la masse buccale ouverte, pour montrer les replis de la trompe; fig. 6, la même, la trompe en partie déroulée; fig. 7, l'estomac ouvert; fig. 8, le collier nerveux traversé par l'œsophage, l'aorte et les conduits des glandes salivaires; fig. 9, l'extrémité de la trompe ouverte, pour montrer son organisation intérieure; fig. 10, le renflement lingual; fig. 11, plaques cornées médianes de la langue; fig. 12, plaques latérales de la même.

(*Explication des lettres.* — *a*, anus; *b*, branchies; *c*, cœur; *d*, canal déférent; *e*, estomac; *f*, foie; *g*, œsophage; *i*, intestin; *m'*, matrice; *m*, muscles; *n*, nerfs; *o*, ovaire; *o'*, orifice de la matrice; *r*, organe de la dépuration urinaire; *r'*, son orifice; *s*, glandes salivaires; *t*, testicule; *v*, aorte; *x*, partie antérieure de l'œsophage; *π*, la trompe.

44.—Fig. 1. Rocher du Brésil, *Sowerby*; l'animal en partie développé; fig. 2, l'opercule.

Fig. 3. Rocher chicorée-brulée, *Lamarck*; l'animal en partie développé; fig. 4, l'animal, au trait, vu en dessus; fig. 5, l'opercule.

Fig. 6. Pleurotome nodifère, *Lamarck*; l'animal développé; fig. 7, le pied, vu par sa face inférieure; fig. 8, l'opercule.

Fig. 9. Pleurotome oxytrope, *Sowerby*; l'animal développé; fig. 10, l'opercule.

Fig. 11. Fasciolaire robe-de-Perse, *Lamarck*; l'animal en partie développé; fig. 12, l'opercule.

Fig. 13. Turbinelle polygone, *Lamarck*; l'animal en partie développé; fig. 14, l'opercule; fig. 15, l'animal, au trait, vu en dessus.

Fig. 16. Turbinelle brésilienne, *nobis*; l'animal en partie développé; fig. 17, l'opercule.

Fig. 18. Ranelle ventrue, *Broderip*; l'animal vu en dessus; fig. 19, l'opercule; fig. 20, la verge.

Fig. 21. Ranelle grenouille, *Lamarck*; l'animal en partie développé; fig. 22, la tête de l'animal; fig. 23, l'opercule.

Fig. 24. Ranelle tuberculée, *Broderip*; l'animal vu par le pied; fig. 25, l'opercule.

Fig. 26. Triton gaufré, *Lamarck*; l'animal en partie développé.

Fig. 27. Triton dos-noueux, *Lamarck*; l'animal en partie développé; fig. 28, l'opercule.

Planches.

44.—Fig. 29. Triton cerclé, *Lamarck*; l'animal en partie développé; fig. 30, l'animal, au trait, vu en dessus; fig. 31, l'opercule.

45.—Fig. 1. Strombe Isabelle, *Lamarck*; l'animal développé et vu par le côté; fig. 2, le pied, vu en dessous.

Fig. 3. Mitre nègre, *Lamarck*, vue en dessus; fig. 4, le pied, vu en dessous; fig. 5, la coquille, vue par la bouche.

Fig. 6. Colombelle lancéolée, *Sowerby*, vue en dessus; fig. 7, la coquille, vue par la bouche.

Fig. 8. Colombelle grosse-lèvre, *Sowerby*; l'animal vu de côté; fig. 9, la coquille, vue par le dos; fig. 10, la tête et le pied de l'animal, vus en dessus; fig. 11, les mêmes, vus en dessous; fig. 12, l'opercule.

Fig. 13. Marginelle cinq-plis, *Lamarck*, vue en dessus, la c[illegible]esque entièrement recouverte par l'animal; fig. 14, la même, vue p[illegible]ieure du pied; fig. 15, la partie antérieure du pied, la tête et la v[illegible] coquille, vue par la bouche.

Fig. 17. Volute pied-de-biche, *Gmelin*; l'animal vu par le côté droit et e[illegible]

Fig. 18. Porcelaine arabique, *Linné*; l'animal développé et vu par sa face inférieure ou par le pied.

Fig. 19. Olive du Sénégal, *Lamarck*; l'animal développé et vu en dessus; fig. 20, partie antérieure de l'animal, pour montrer les tentacules à leur base; fig. 21, partie antérieure et inférieure du pied.

Fig. 22. Olive volutelle, *Lamarck*; l'animal développé et vu par-dessus; fig. 23, partie antérieure de l'animal, grossie; fig. 24, l'opercule.

Fig. 25. Olive columellaire, *Sowerby*; l'animal développé et vu par-dessus; fig. 26, le même vu en dessous et par le pied; fig. 27, l'opercule.

Fig. 28. Cône Linéé, *Bruguière*; l'animal développé et vu par le pied; fig. 29, l'opercule.

ZOOPHYTES.

1.—Fig. 1. Échinomètre à longs piquants, *nobis*, vu en dessous; fig. 2, le même, vu en dessus; fig. 3, un ambulacre; fig. 4, l'appareil dentaire; fig. 5, orifices des ovaires; fig. 6, une apophyse d'insertion.

2.—Fig. 1. Clocher papou, *Lesson*, grossi; fig. 2, le même, contracté; fig. 3, le même, l'ombrelle ouverte, pour montrer les ovaires et la poche stomacale.

Fig. 4. Cytheris tétrastyle, *Eschscholtz*, très-grossie; fig. 5, la même, en partie contractée; fig. 6, la même, les bras contractés et rentrés dans l'intérieur de l'ombrelle; fig. 7, la poche stomacale très-grossie, pour montrer les jeunes individus qui bourgeonnent à sa base; fig. 8, la même, d'après un autre individu; fig. 9, 10, 11, 12, 13, 14, les individus jeunes, à différents états de développement; fig. 15, grandeur naturelle.

Fig. 16. Lessonie radiée, *nobis*, très-grossie.

VERS.

1.—Fig. 1. Flèche deux-points, *Quoy et Gaimard*, grossie et vue en dessus; fig. 2, la même, vue en dessous; fig. 3, la tête, très-grossie, vue en dessous; fig. 4, la même, vue de côté; fig. 5, les crochets latéraux de la tête, vus de face; fig. 6, les mêmes, vus de profil; fig. 7, les crochets antérieurs; fig. 8, l'animal, très-grossi, ouvert en dessus, pour montrer l'organisation intérieure; fig. 9, une portion du tube digestif, avec le repli mésentérique qui le soutient et le vaisseau longitudinal qui se voit sur ce repli, en dessous; fig. 10, une coupe de l'animal, pour montrer la disposition de l'intestin; fig. 11, un des ovaires, très-grossi, montrant les œufs à divers degrés de développement; fig. 12, une partie du testicule, très-grossie (d'après M. Krohn); fig. 13, les organes mâles, avec leurs orifices; fig. 14, un œuf; fig. 15, l'œil; fig. 16, le ganglion cérébral; fig. 17, le ganglion abdominal.

(*Explication des lettres.* — *a*, anus; *g*, *g'*, ganglions; *k*, plaques cornées sur lesquelles s'implantent les crochets; *i*, intestin; *l*, ligament des ovaires; *m*, *m'*, repli mésentérique de l'intestin; *o*, ovaire; *o'*, orifice des ovaires; *t*, testicule; *t'*, orifice de l'organe mâle; *v*, vaisseau longitudinal.)

FIN DE LA TABLE.

DE L'IMPRIMERIE DE CHAPELET, RUE DE VAUGIRARD, 9.

Voy. de la Bonite.

Mammifères. Pl. 1.

SEMNOPITHÈQUE GRIS. Desmarest.

Meunier del.

Arthus Bertrand Éditeur.

Fournier sc.

J. Bréaud imp.

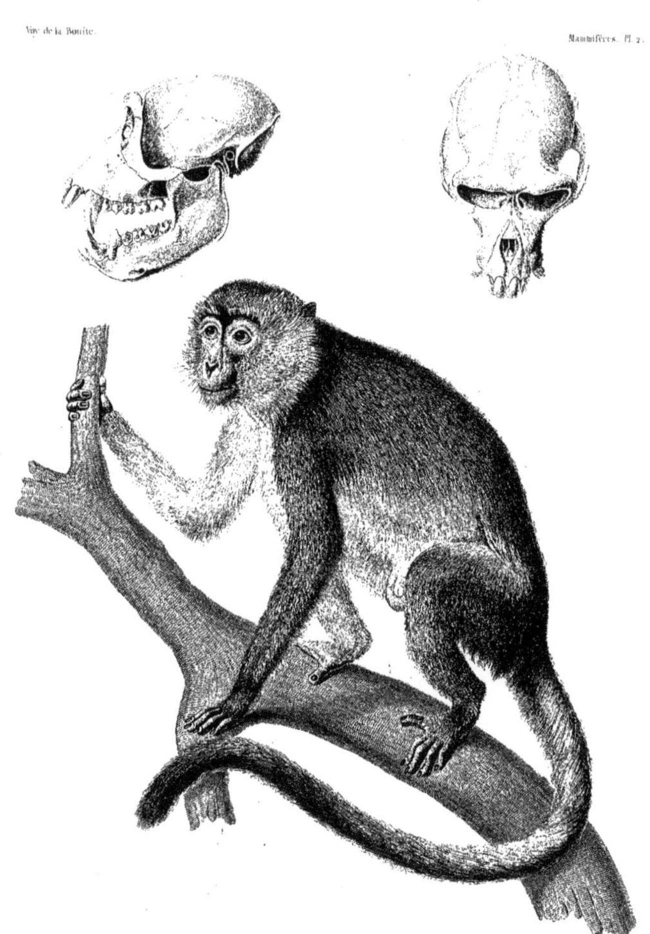

MACAQUE ROUX-DORÉ, Is. Geoff.

Werner del.

Paris, Arthus Bertrand, Editeur.

N. Rémond imp.

1-3 MOUFETTE DE FEUILLÉE (crâne) 4-6 LOUTRE DU PÉROU (crâne)

7-9 MANGOUSTE DE TOURANNE (crâne)

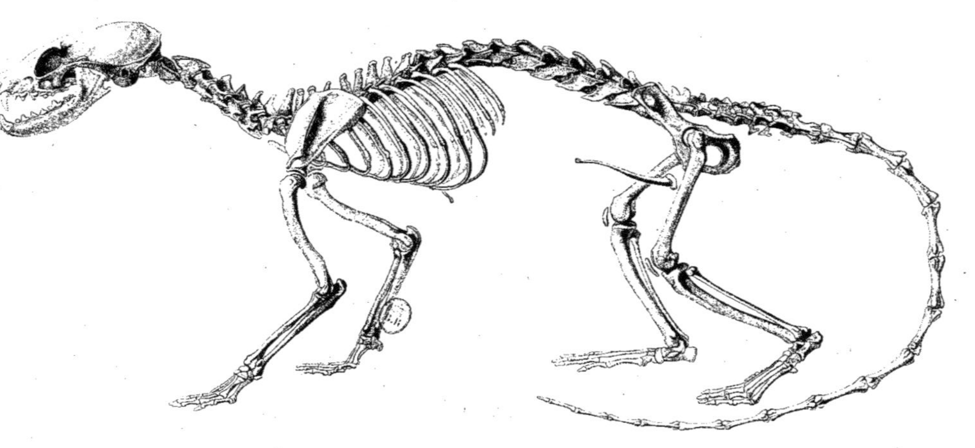

BASSARIS RUSÉ, Lichtenstein.

Werner del. Arthus Bertrand, Éditeur. E. Rémond imp.

a

b

c

HÉMIGALE ZÉBRÉ. Jourdan.

Arthus Bertrand Editeur.

A C D D

CYNOGALE DE BENNETT, Gray.

Arthus Bertrand, Editeur.

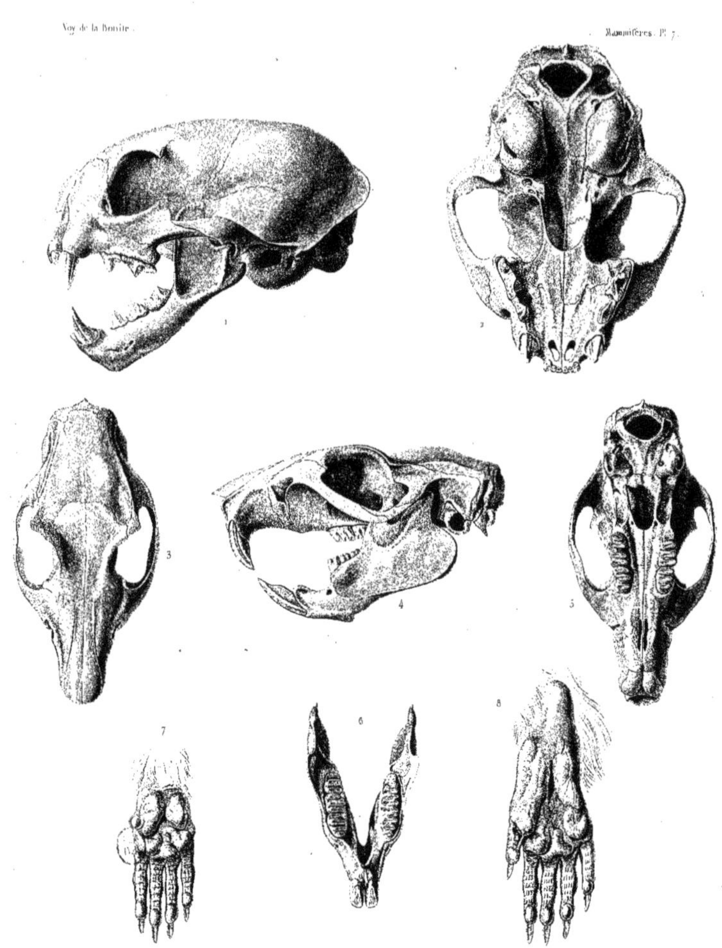

1-2 CHAT PAMPA (CRÂNE). 3-6 PHLŒOMYS DE CUMING (CRÂNE).

7-8 IDEM (PATTE ANTÉRIEURE ET POSTÉRIEURE)

PHLŒOMYS DE CUMING, Waterhouse

Werner del. Arthus Bertrand Éditeur

ÉCUREUIL PAILLÉ. Nobis.

Meunier pinx.

Arthus Bertrand, Éditeur.

J. Rémond imp.

Forget sc.

NYCTOCLEPTE DEKAN, Temminck.

Werner del. Arthus Bertrand, Editeur. Annedouche sc.

A. Bineau imp.

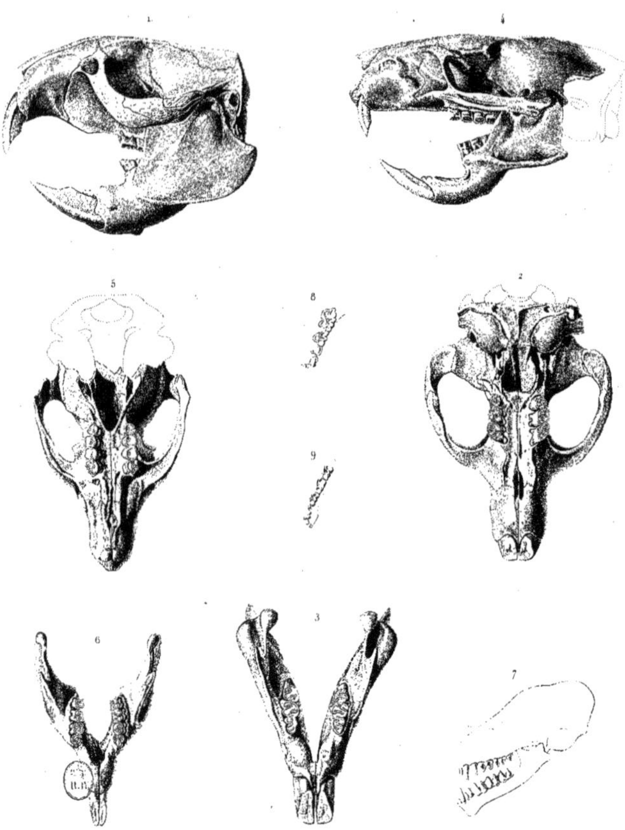

1-3 NYCTOCLEPTE DEKAN (CRÂNE) 4-6 ACANTHION A LONGUE QUEUE. (CRÂNE).

7-9 CHAUVE-SOURIS PÉRUVIENNE (CRÂNE)

CERF FAUX-AXIS. Nobis.

Meunier pinx.

Arthus Bertrand, Editeur.

Annedouche sc.

FAUCON DE LA GIRONNIÈRE. Eydoux et Souleyet.

Arthus Bertrand. Editeur

CONDOR JEUNE. Buff.

Prêtre del. Arthus Bertrand Éditeur. Bénard imp.

BRÈVE ÉLEGANTE. Temm.

Prevost del. Arthus Bertrand Editeur N. Remond imp.

ASTRAPIE CARONCULÉE. Eydoux et Souleyet

Arthus Bertrand, Éditeur

TURDOÏDE DE FISQUET. Eydoux et Souleyet.

Prevost pinx. Arthus Bertrand Editeur. Massard sculp.

MALCOHA DE BARROT. Eydoux et Souleyet.

Prévost del. Arthus Bertrand Editeur. [illegible] imp.

MARTIN-CHASSEUR DE LINDSAY, Vigors.

FOULQUE GÉANTE. Eydoux et Souleyet

Prevost, del.

Arthus Bertrand, Editeur.

J. Bénard imp.

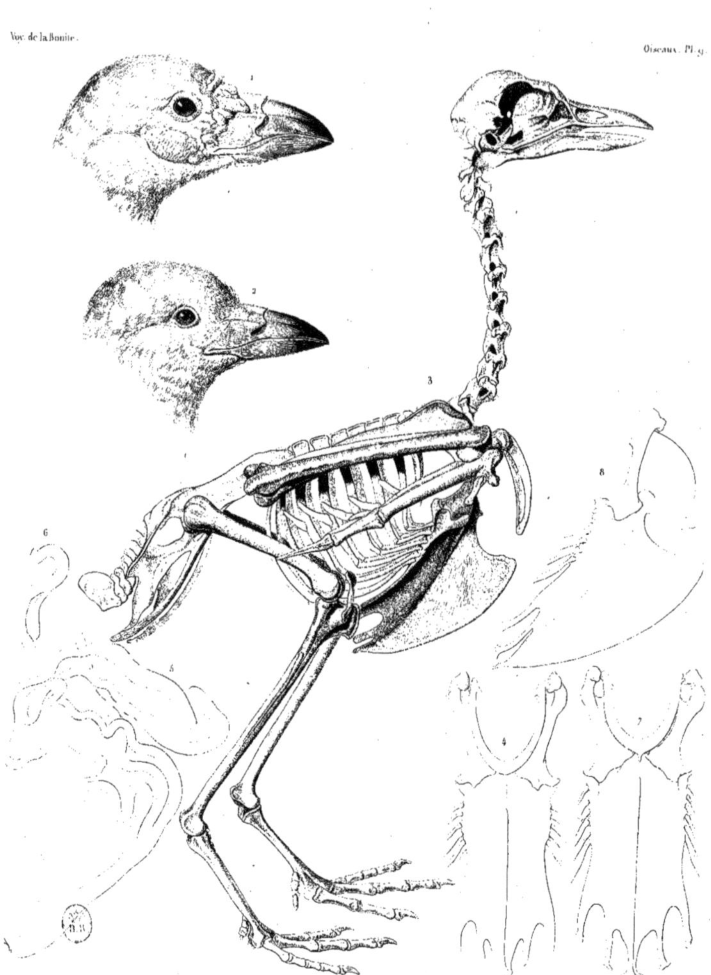

1-6. CHIONIS. 7-8. STERNUM DE L'HUITRIER.

Arthus Bertrand Editeur.

1/2

OIE DE HAWAÏ. Eydoux et Souleyet.

Prévost del. Arthus Bertrand Éditeur. N. Rémond imp.

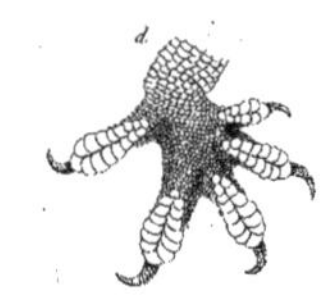

1. HÉMIDACTYLE BRIDÉ. Dum. Bib.

2. HÉMIDACTYLE BORDÉ. Dum. Bib.

Oudart del.

Arthus Bertrand Editeur.

N. Rémond imp.

DICRODONTE A GOUTTELETTES. Eydoux et Souleyet.

Oudart del. Arthus Bertrand Éditeur. E. Bénard imp.

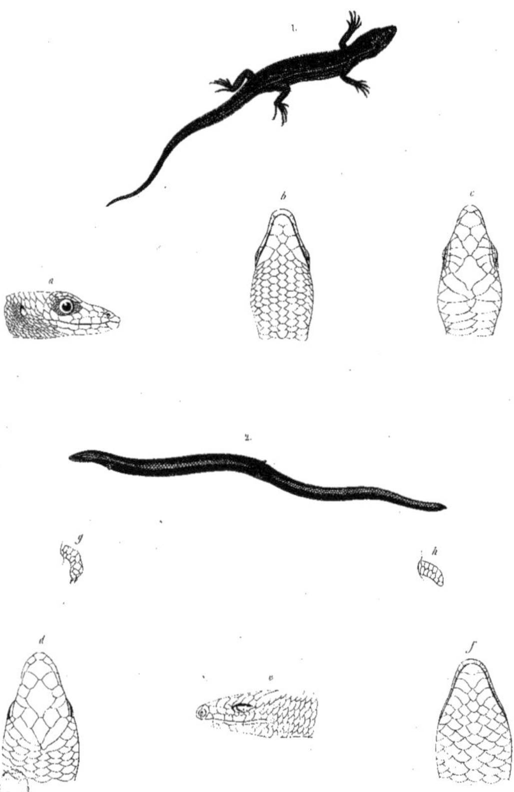

1. **ABLÉPHARE DE PÉRON.** Bibron

2. **BRACHYMÈLE DE LA BONITE.** Eydoux et Souleyet.

Oudart del. Arthus Bertrand Editeur

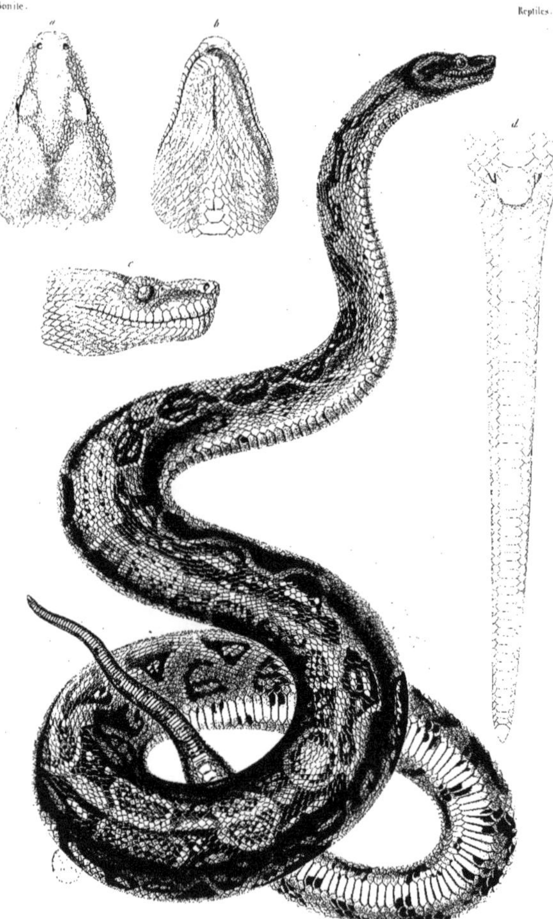

BOA DE CHEVALIER. Eydoux et Souleyet.

Arthus Bertrand Éditeur.

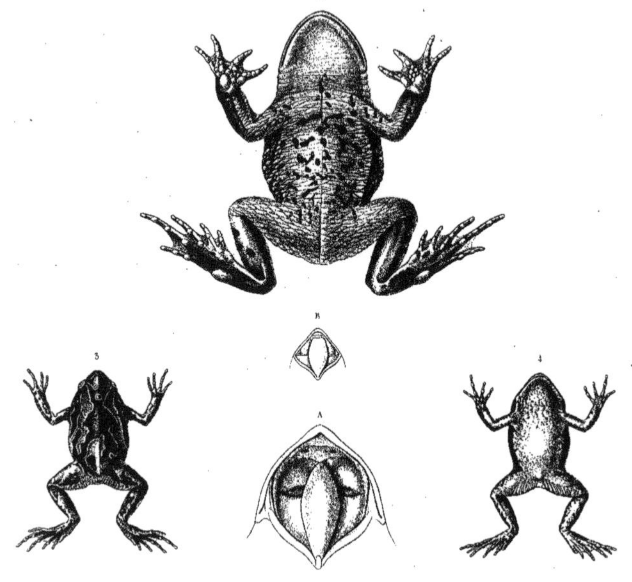

1. 2. CRAPAUD DU CHILI. Bibron.

3. 4. PLECTROPODE PEINT. Eydoux et Souleyet.

Oudart del.

Arthus Bertrand Editeur.

N. Rémond imp.

1. A

1

2. B.

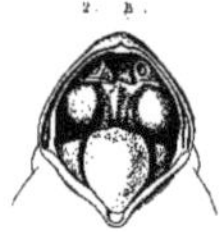

1. B.

2

2. A

1. RHACOPHORE DE REINWARDT, Kuhl.

2. CYSTIGNATHE DE MISSIESSI, Eydoux et Souleyet.

Arthus Bertrand, Éditeur

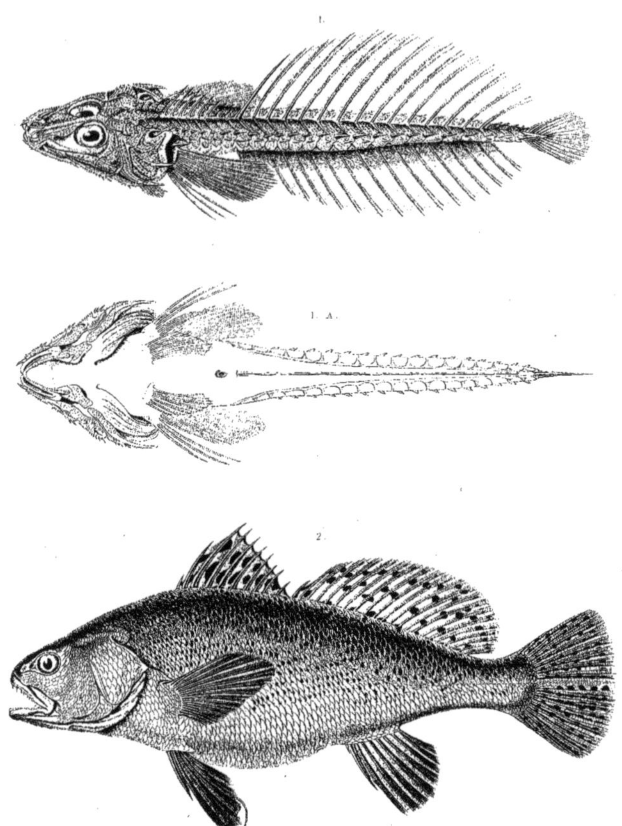

1. 1. A. OPLICHTHE DE LANGSDORFF. Cuv. et Val.

2. JOHNIUS DE VALENCIENNES. Eydoux et Souleyet.

Oudart del. Arthur Bertrand Éditeur. N. Rémond imp.

1. LE PRISTIPOME MUCRONÉ, Eydoux et Souleyet. 2. LE CHÉTODON MILIAIRE, Quoy.
3. L'ACANTHURE HUMÉRAL, Forster.

1. LE CARANX PINNULÉ. Eydoux et Souleyet.

2. LE CARANGUE ÉTOILÉE. Eydoux et Souleyet.

Oudart del. Arthus Bertrand Editeur. N. Rémond imp.

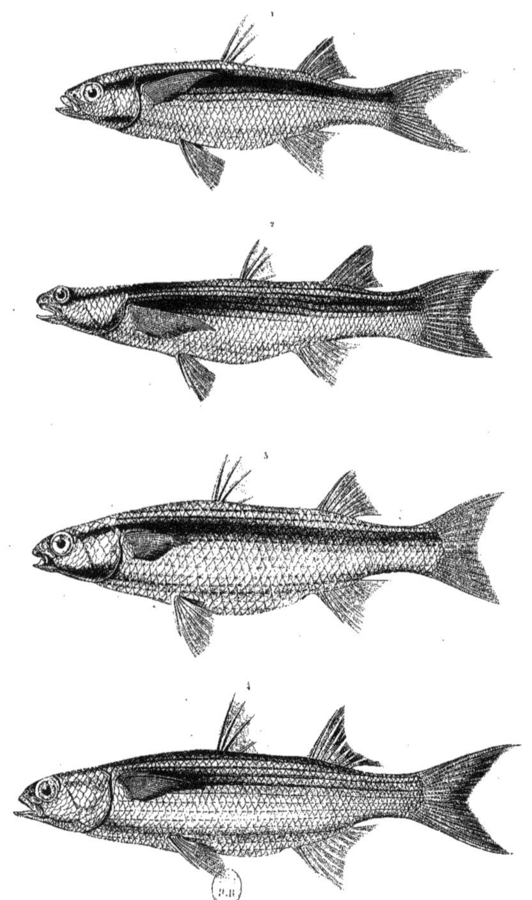

1. MUGE DE CHAPTAL. Eydoux et Souleyet. 2. MUGE CORSULA. Buchanan.

3. MUGE DE LAUVERGNE. Eydoux et Souleyet. 4. MUGE CÉPHALOTE. Val.

Prêtre del. Arthus Bertrand, Éditeur. J. Rémond Imp.

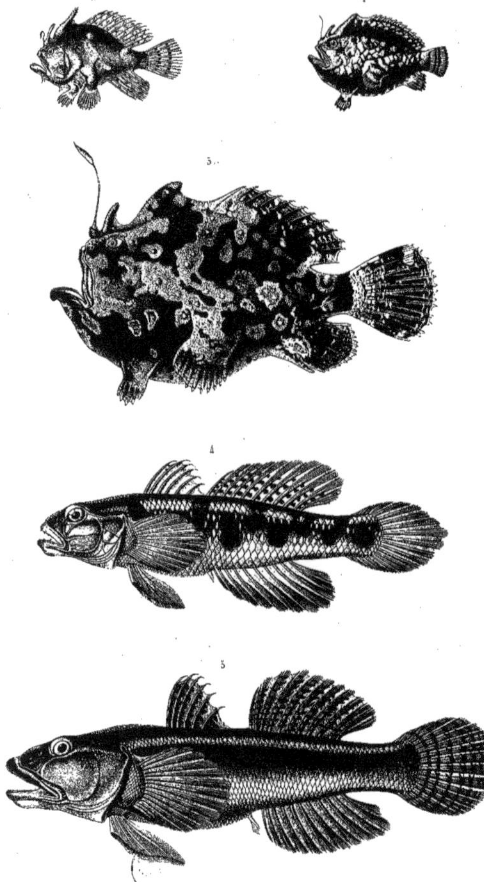

1. CHIRONECTE BARBATULE. Eydoux et Souleyet. 2. CHIRONECTE À RÉSEAU. Eydoux et Souleyet. 3. CHIRONECTE LÉPREUX. Eydoux et Souleyet.

4. GOBIE CRELÉ. Eydoux et Souleyet. 5. GOBIE À FILET. Eydoux et Souleyet.

2

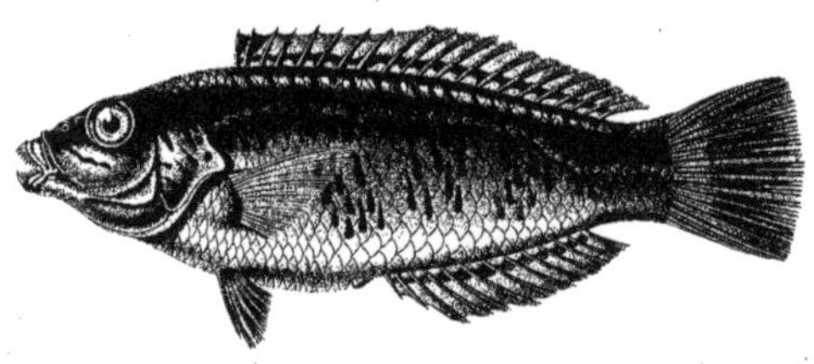

1.

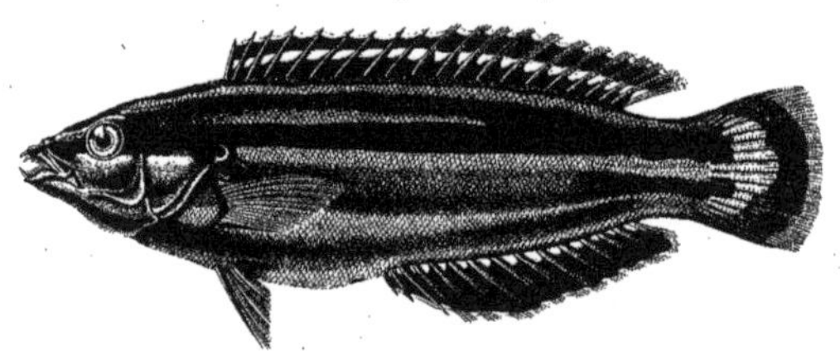

3

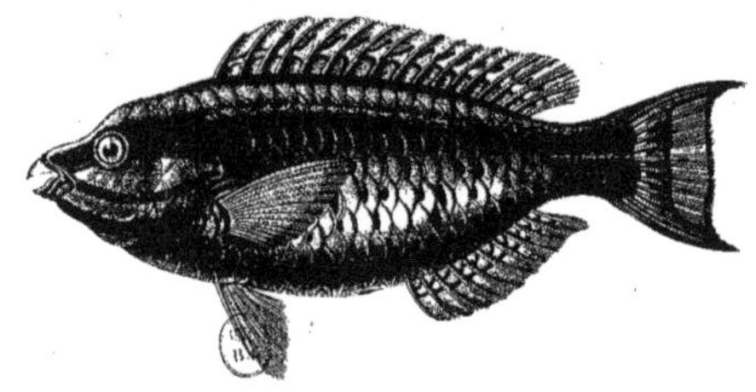

1. LA GIRELLE DE EYDOUX. Val. 2. LA GIRELLE DE SOULEYET. Val.

3. LE SCARE ÉLÉGANT. Val.

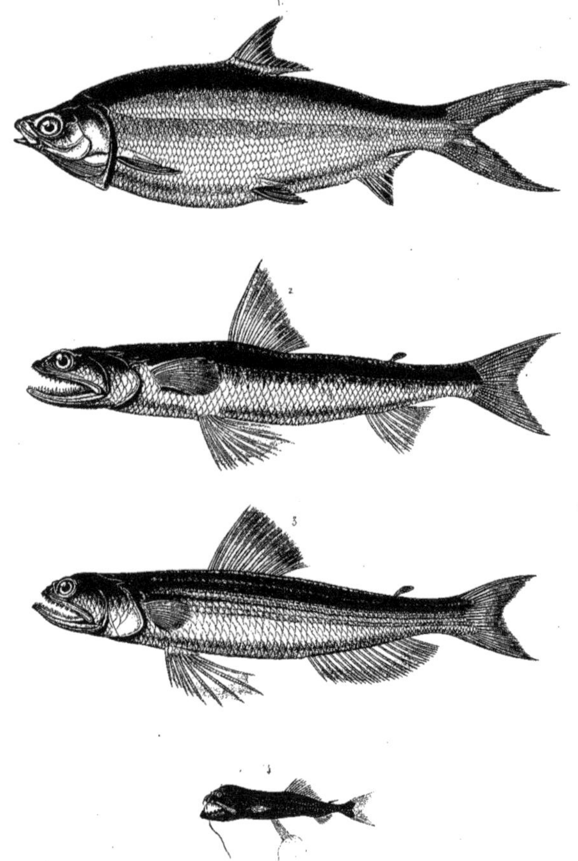

1. LE CHANOS ORIENTAL. Val. 2. LE SAURUS FÉROCE. Val.

3. LE SAURUS GALONNÉ. Eydoux et Souleyet. 4. LE STOMIAS LEUCOPTÈRE. Eydoux et Souleyet.

Arthus Bertrand Éditeur.

1. MURÈNE CATENULÉE. Schn. 2. CARAPE SABLÉ. Eydoux et Souleyet.

3. OXUDERCÈS DENTÉ. Eydoux et Souleyet.

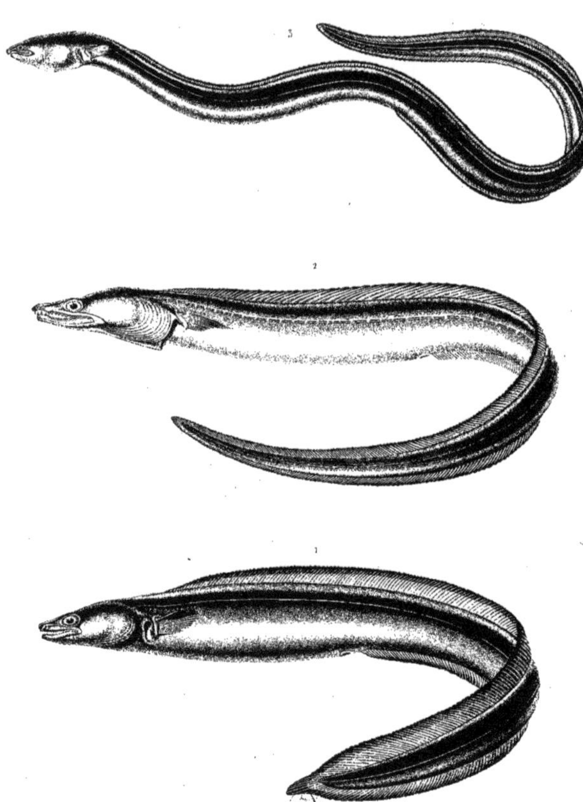

1. LE CONGRE BORDÉ. Val. 2. LE CONGRE OXYRHYNQUE. Eydoux et Souleyet.

3. LE CONGRE PETITE BOUCHE. Eydoux et Souleyet.

Arthus Bertrand Éditeur

1.

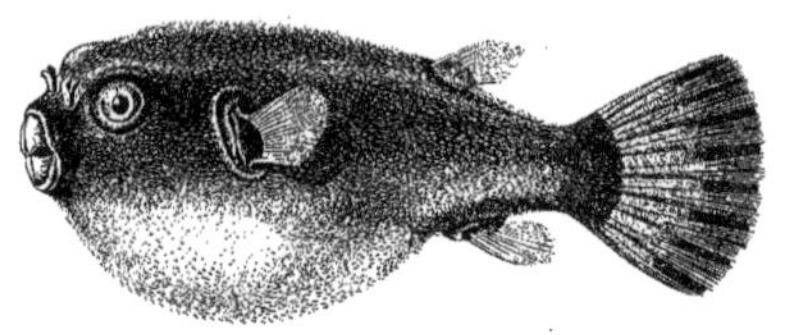

2.

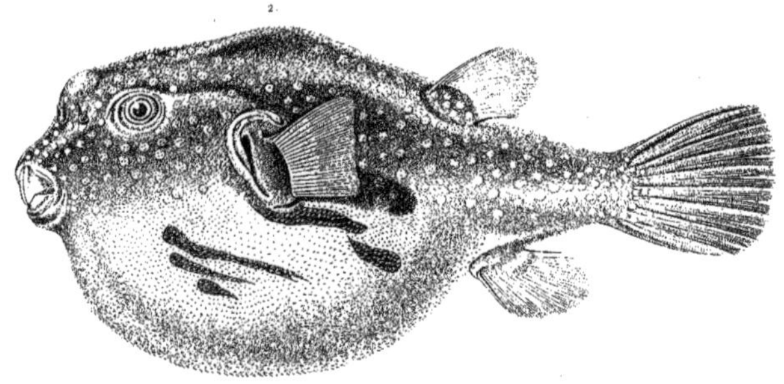

3.

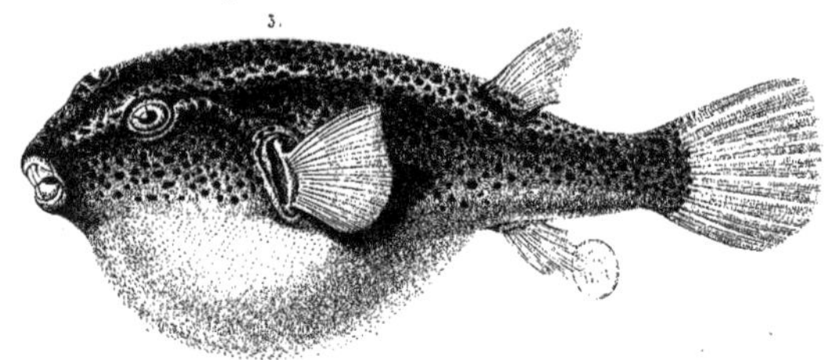

1. TÉTRODON À BROSSE, Eydoux et Souleyet. 2. TÉTRODON ÉTOILÉ, Lacépède.

3. TÉTRODON PANTHÈRE, Eydoux et Souleyet.

Oudart del. Arthus Bertrand Editeur V. Renaud imp.

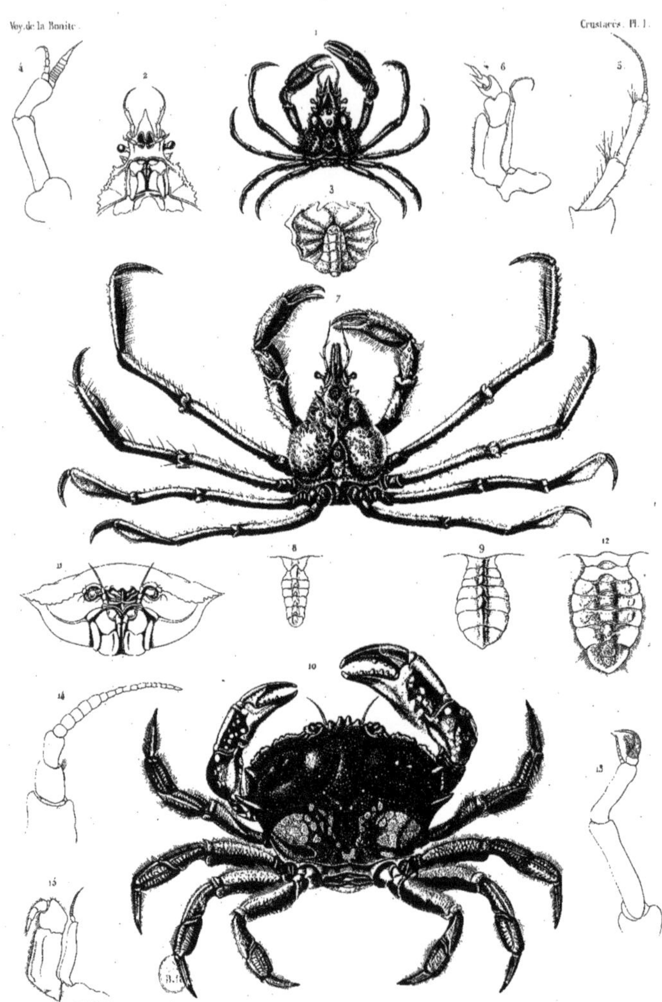

1-6 XIPHES MARGARITIFÈRE. Eydoux et Souleyet. 7-9 EURYPODE TUBERCULEUX. Eydoux et Souleyet. 10-15 PELÉE ARMÉ. Eydoux et Souleyet.

Arthus Bertrand Éditeur

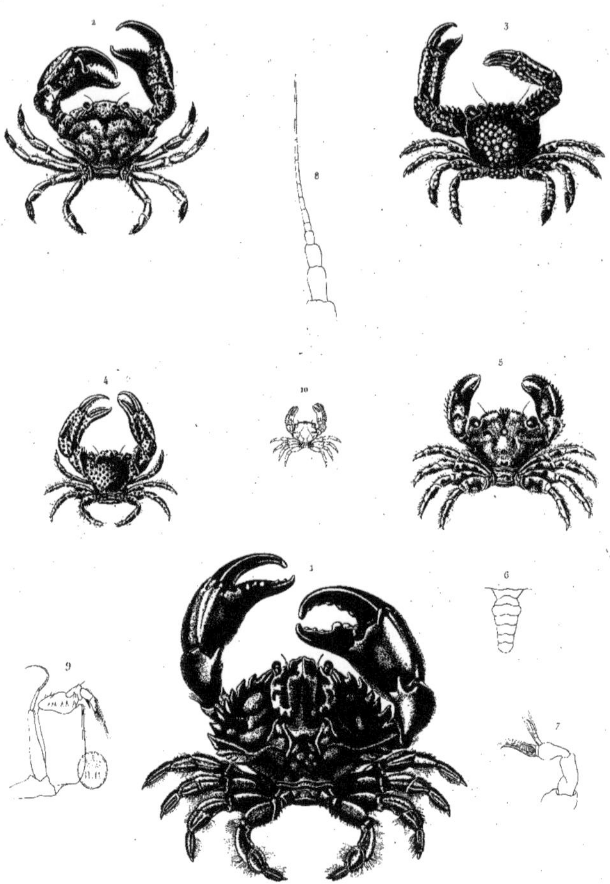

1. XANTHE DENTELÉ. Nob. 2. PANOPÉ MARBRÉ. Nobis. 3. TRAPÉZIE À TACHES JAUNES. Nobis.
4. TRAPÉZIE TIGRÉE. Nobis. 5-10. DOMECIE HÉRISSÉE. Nobis.

Oudart del.
Arthus Bertrand, Éditeur.
N. Rémond imp.

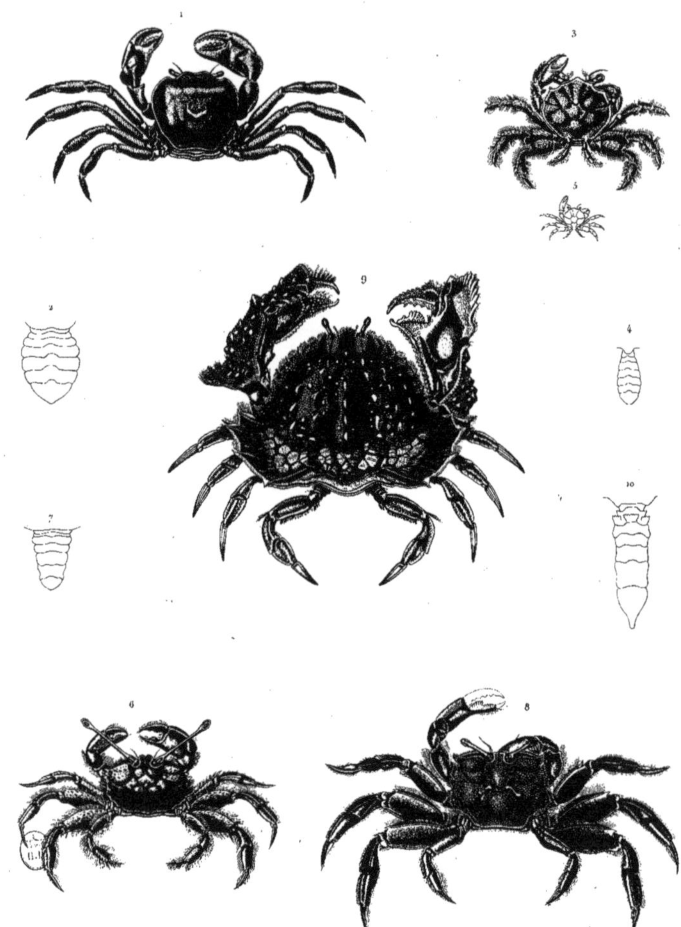

1-2. TRICODACTYLE PONCTUÉ. Nobis. 3-5. DYNOMÈNE DE LATREILLE. Nobis.

6-7. MACROPHTHALME PODOPHTHALME. Nob. 8. MACROPHTHALME TOMENTEUX. Nob. 9-10. CALAPPE SANDWICHIEN. Nob.

P. Oudart pinx. Arthus Bertrand Éditeur. J. Rémond imp. Sablin sc.

1-12. LUCIFER TYPE, Milne Edwards. 13-22. OXYCÉPHALE ARMÉ, Milne Edwards.

Gerbe pinx.t Arthus Bertrand Éditeur. N. Rémond imp. Bartin sculp.t

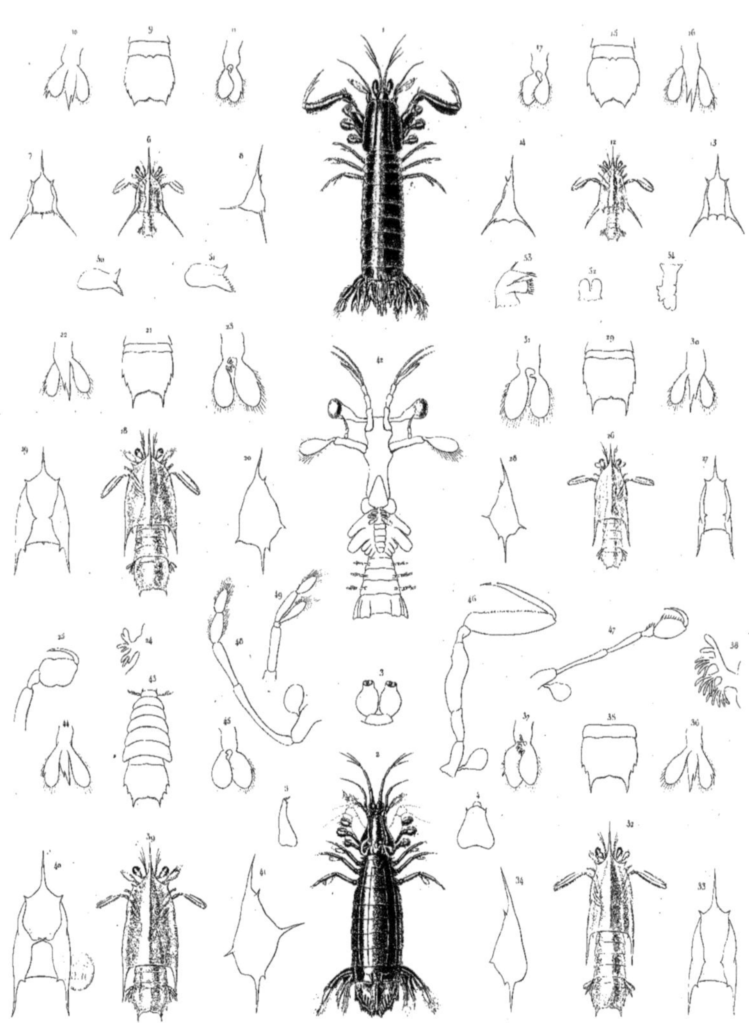

1. SQUILLE À QUATRE POINTES. Nobis. 2-5. CLORIDE DE LATREILLE. Nobis. 6-11. ÉRICHTHE ÉPINEUX. Nobis. 12-17. ERICHTHE ARMÉ. Leach. 18-25. ERICHTHE VITRÉ. Latreille. 26-31. ÉRICHTHE DE LEACH. Nobis. 32-38. ÉRICHTHE DE GUÉRIN. Nobis. 39-54. ÉRICHTHE D'EDWARDS. Nobis.

Arthus Bertrand Éditeur. Forget sc.

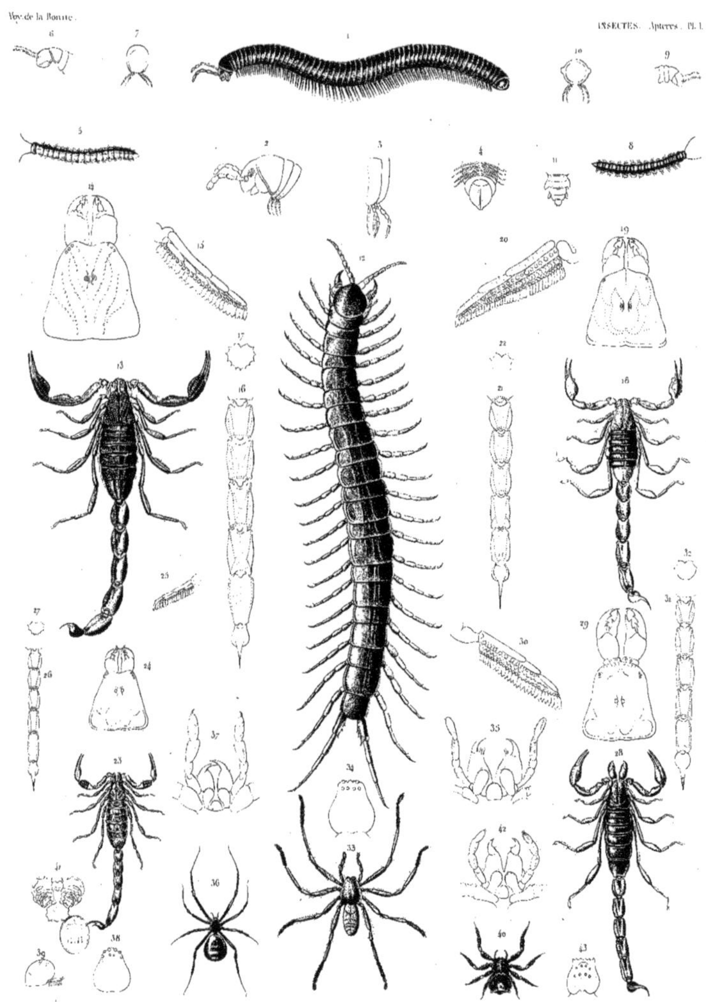

1-4. IULE CORALLIN. Eyd. et Soul. 5-7. POLYDÈME VERMIFORME. Eyd. et Soul. 8-11. POLYDÈME DE BIBRON. Eyd. et Soul.
12. SCOLOPENDRE DE LUCAS. Eyd. et Soul. 13-17. SCORPION PERLÉ. Gervais. 18-22. SCORPION D'EHREMBERG. Gervais.
23-27. SCORPION À BRACELETS. Gervais. 28-32. SCORPION GLABRE. Gervais. 33-35. OLIOS GANTÉ. Eyd. et Soul.
36-39. THÉRIDION ZONÉ. Eyd. et Soul. 40-43. THOMISE CANCROÏDE. Eyd. et Soul.

Arthus Bertrand Éditeur.

1. ORTHOGONIE ALTERNANT. Wiedemann. 2. BRACHINE DE LA GIRONNIÈRE. Sol. 3. CHLÉNIE TRISTE. Sol. 4. TRIGONOTOME ÉLÉGANT. Buquet. 5-10. AMBLYGNATHE DES PHILIPPINES. Chevrolat.
11. PLATYMETOPE VÊTU. Dejean. 12. COPRIDIE BICOLORE. Sol. 13. LOPHAPTÈRE DE SCHAUM. Solier. 14. PROTETIE DE GUÉRIN. Sol. 15-16. NYCTÉLIE A LIGNES GRISES. Sol.
17-18. EURYMODE À PLUSIEURS LIGNES. Sol. 19-20. AMARYGME CUIVRÉ. Fabricius. 21-22. STÉNOCÈRE DAMIER. Sol. 23-24. TÉRAMOCÈRE DE SCHÖNHERR. Chevrolat. 25-26. PACHYRHYNQUE DE CHEVROLAT. Sol.
27-28. DESMIDOPHORE CERCLÉ. Sol. 29-30. ETHMODE LATÉRAL. Sol. 31. [illegible] MARQUETÉ. Sol. 32-33. CALANDRE COULEUR D'OCRE. Sol. 34-37. PASSANDRE [illegible]. Sol.
38. MONOHAMME [illegible]. Chevrolat. 39. [illegible] JAUNE. Sol. 40. APLOSONYX SMARAGDIPENNE. Chevrolat. 41. PLAGIODÈRE BRONZÉ. Sol. 42. EPISCAPHE ATTÉNUÉ. Sol. 43. EPISCAPHE DE [illegible]. Sol.

Blanchard pinx. — Arthus Bertrand Editeur — Sabin sculp.

V. Remond Imp.

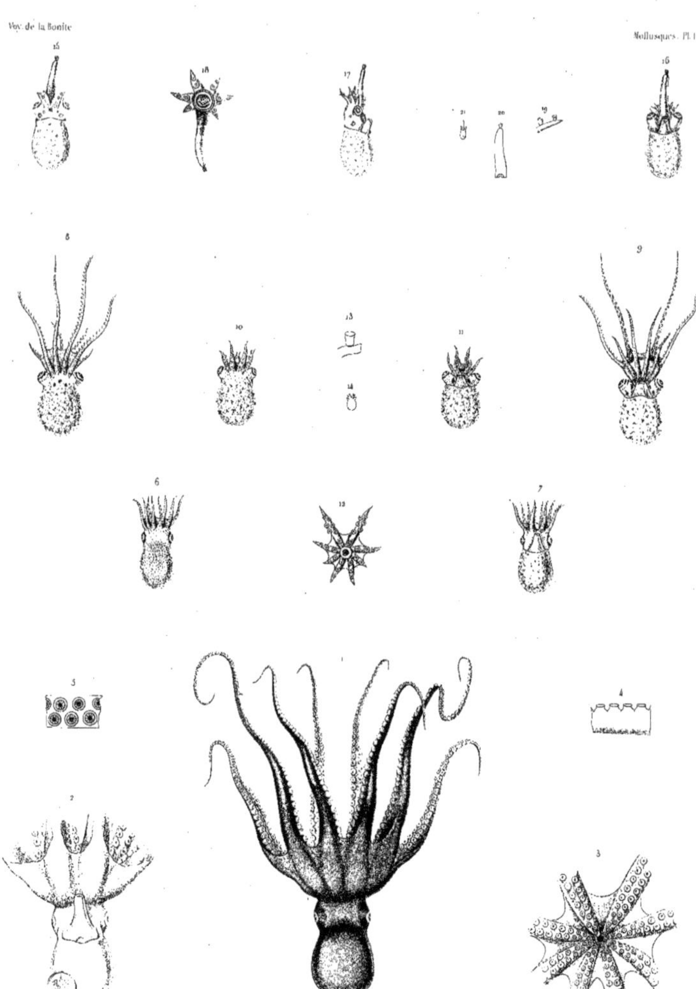

1-5. POULPE HAWAIIEN. Eydoux et Souleyet. 6-7. POULPE DU CAP. Eydoux et Souleyet. 8-9. POULPE GRÊLE. Eydoux et Souleyet.

10-14. POULPE DOUTEUX. Eydoux et Souleyet. 15-21. POULPE. (JEUNE ÂGE.)

Arthus Bertrand, Éditeur

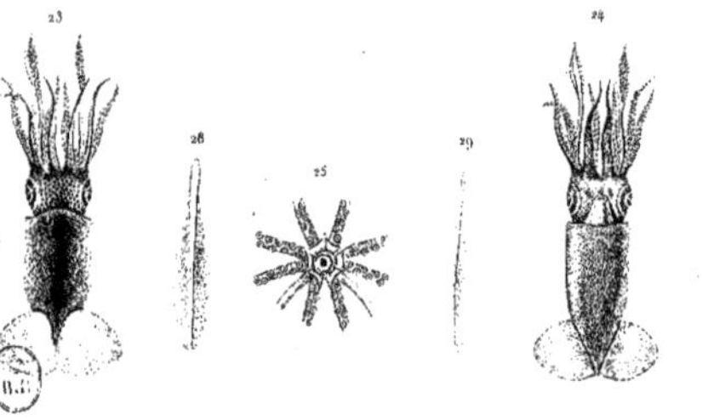

1-5. CALMAR DE PIRONNEAU. Eydoux et Souleyet. 6-13. CALMAR DE TOUCHARD. Eydoux et Souleyet.
14-22. CALMAR PLAGIOPTÈRE. Eydoux et Souleyet. 23-27. CALMAR CARDIOPTÈRE. Péron.

Arthus Bertrand, Éditeur.

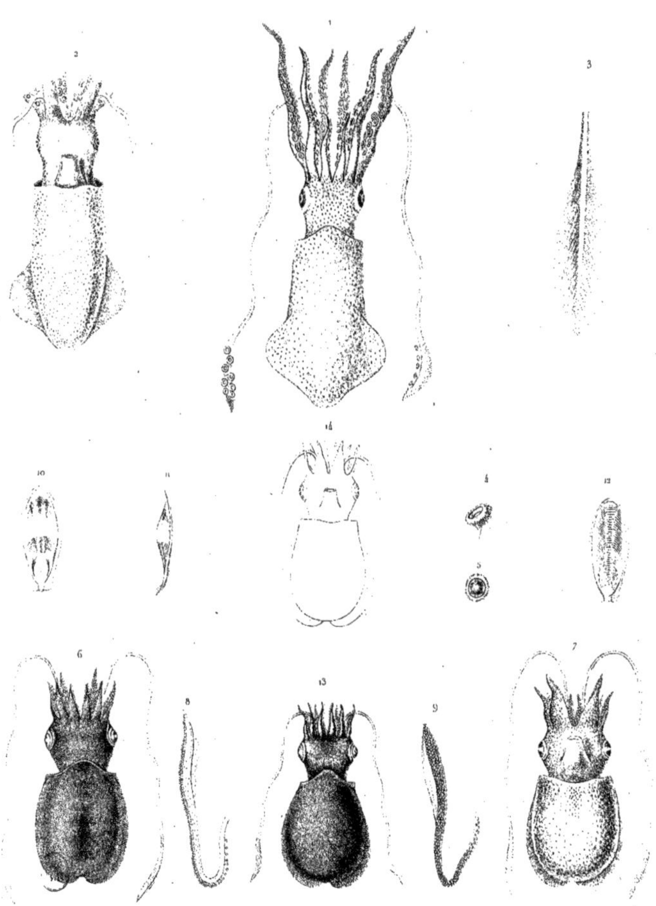

1-5. CALMAR SUBAILÉ. Eydoux et Souleyet. 6-12 SÈCHE DE TOURANNE. Eydoux et Souleyet.

13-14 SÈCHE VOISINE. Eydoux et Souleyet.

Paris, Arthus Bertrand Éditeur.

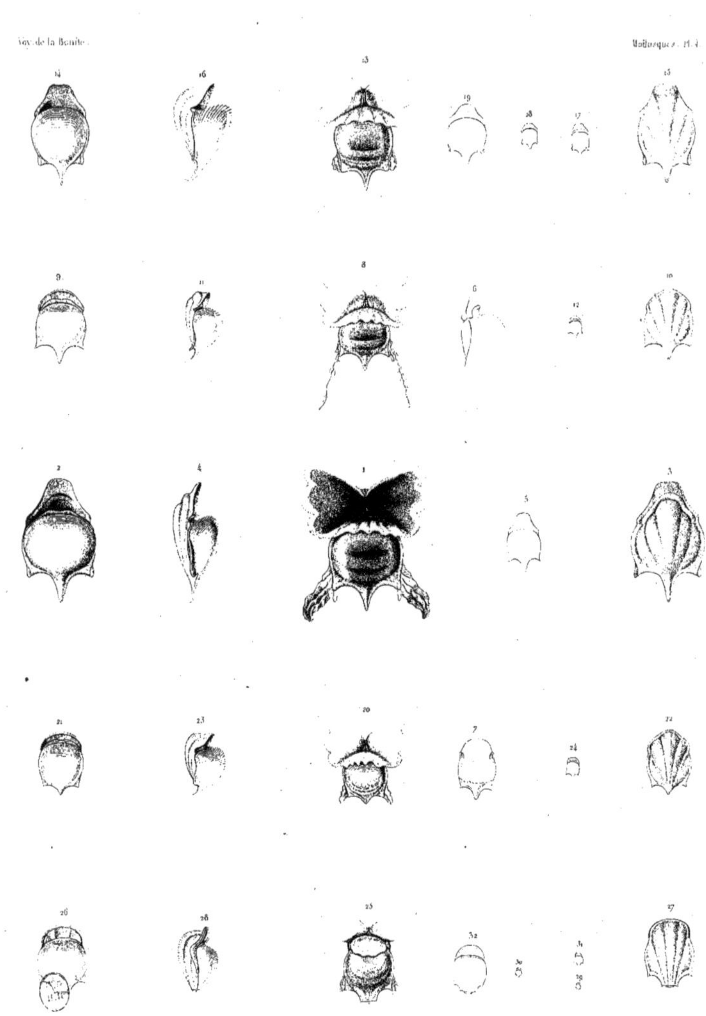

1-7. HYALE TRIDENTÉE. Lamarck. 8-12. HYALE À CROCHET. Rang.

13-19. HYALE BOSSUE. Rang. 20-24. HYALE GLOBULEUSE. Rang. 25-31. HYALE À QUATRE DENTS. Lesueur.

[illegible] pinx. — Arthus Bertrand Éditeur

Voy. de la Bonite.

Mollusques. Pl. 5.

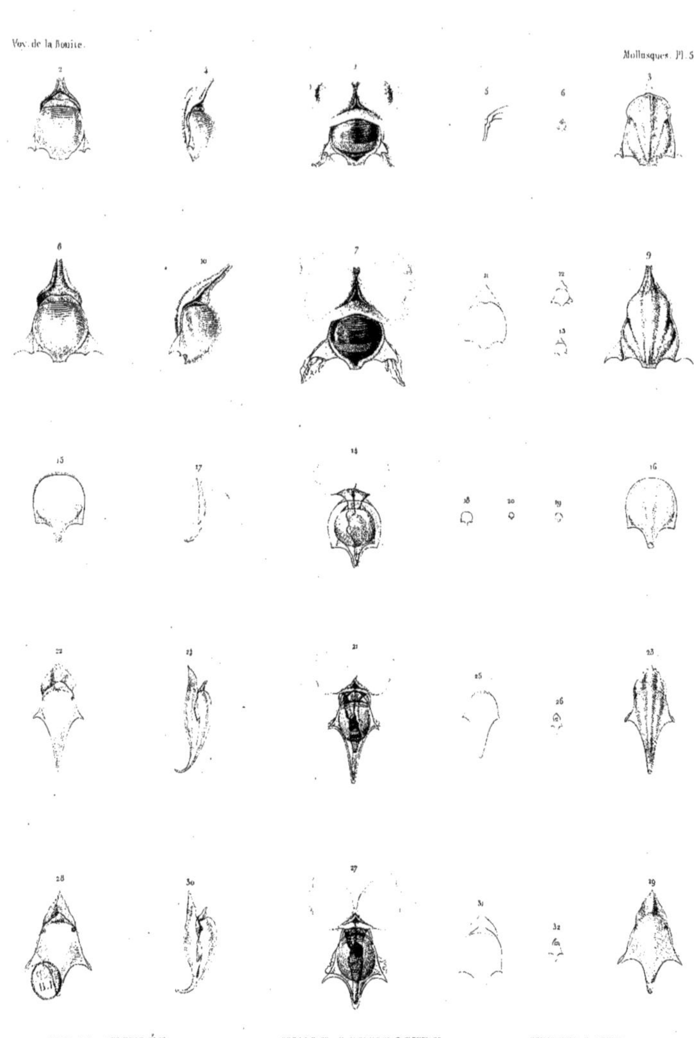

1-6. HYALE ANGULÉE. Eydoux et Souleyet. 7-13. HYALE LONGIROSTRE. Lesueur. 14-20. HYALE LISSE. D'Orbigny.

21-26. HYALE FLÉCHIE. Lesueur. 27-32. HYALE LABIÉE. D'Orbigny.

Arthus Bertrand, Editeur

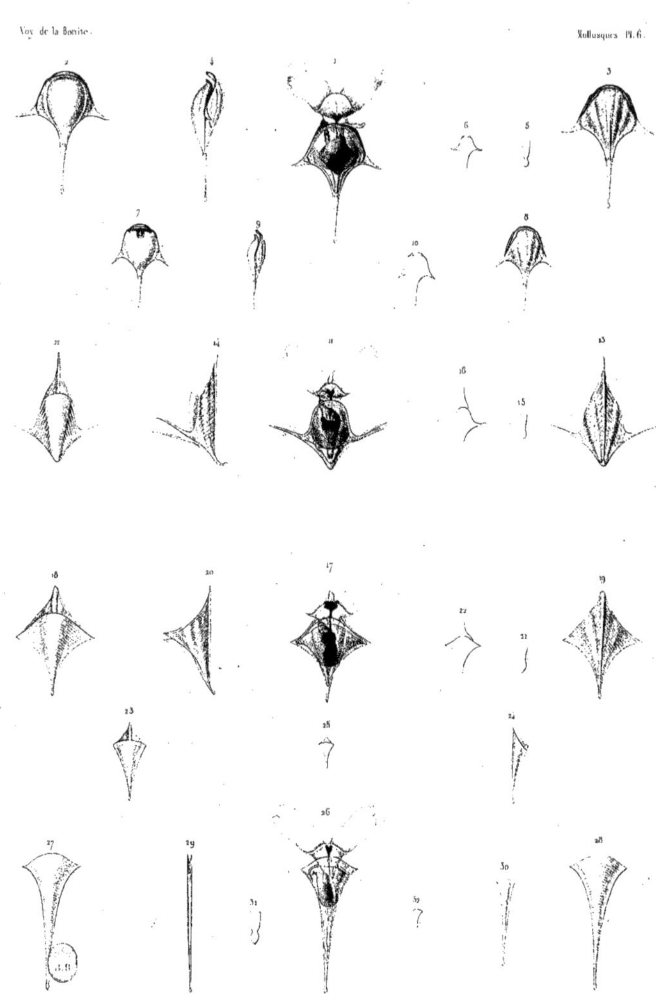

1-10. HYALE A TROIS POINTES. Lesueur. 17-25. CLÉODORE LANCÉOLÉE. Lesueur.

11-16. CLÉODORE CUSPIDÉE. Bosc. 26-32. CLÉODORE PLATE. Eydoux et Souleyet.

Arthus Bertrand, Éditeur.
J. Rémond imp.

1-5. CLÉODORE DE CHAPTAL. Eydoux et Souleyet. 6-10 CLÉODORE COURBÉE. Eydoux et Souleyet. 11-16 CLÉODORE BOURSE. Rang.
17-19 CLÉODORE RENFLÉE. Eydoux et Souleyet. 20-25 CLÉODORE AUSTRALE. D'Orbigny.

Arthus Bertrand, Editeur.

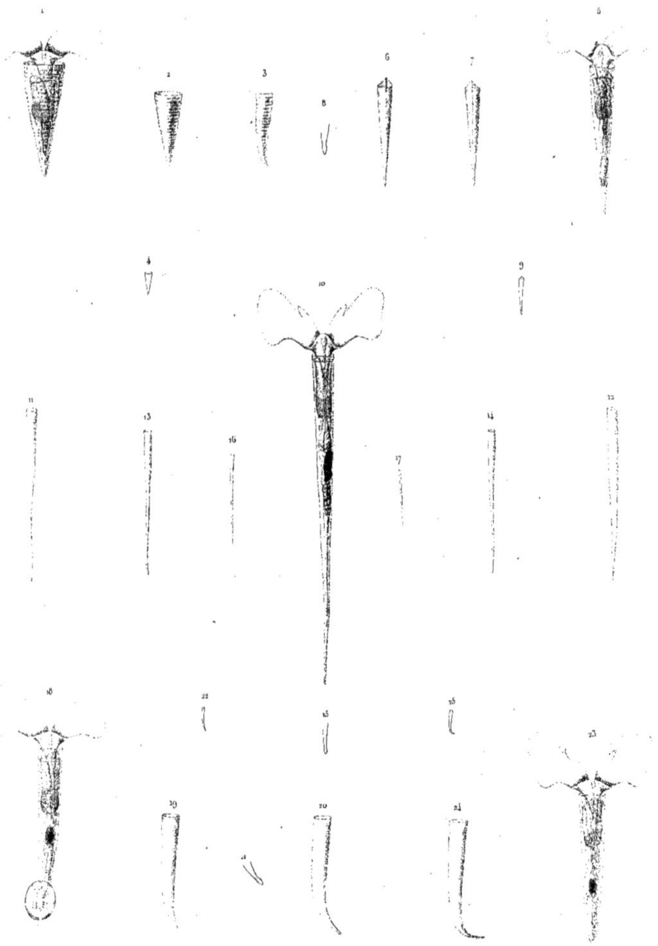

1-4 CLÉODORE STRIÉE. Rang. 5-9 CLÉODORE ALÈNE. quoy et gaim. 10-17 CLÉODORE ACICULÉE. Rang.
18-22 CLÉODORE VIRGULE. Rang. 23-25 VARIÉTÉ DE LA MÊME.

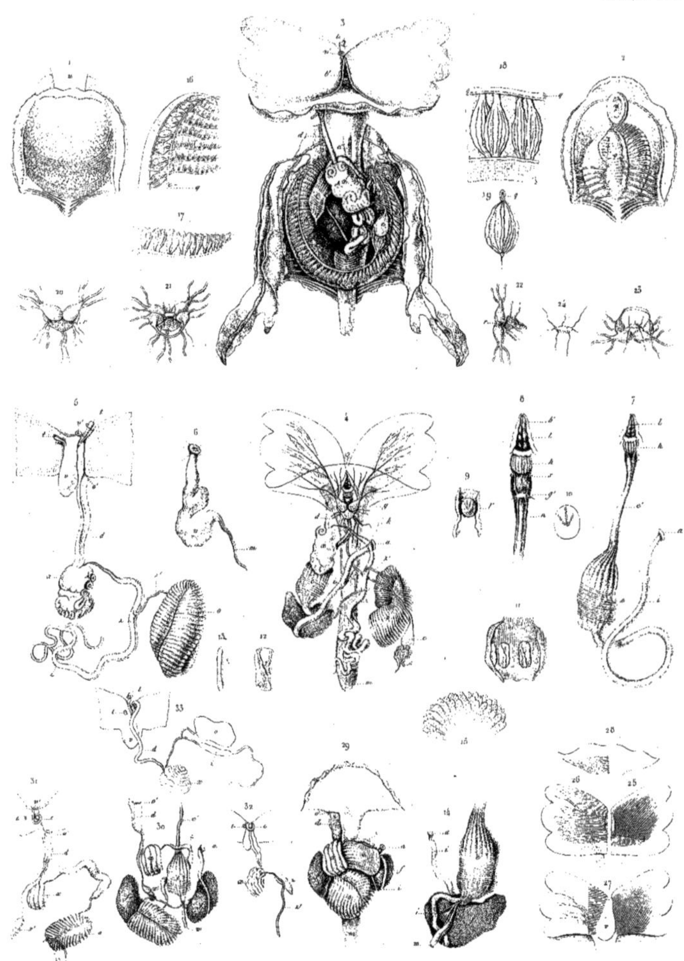

ANATOMIE DES HYALES.

Arthur Bertrand, Editeur

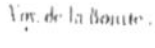

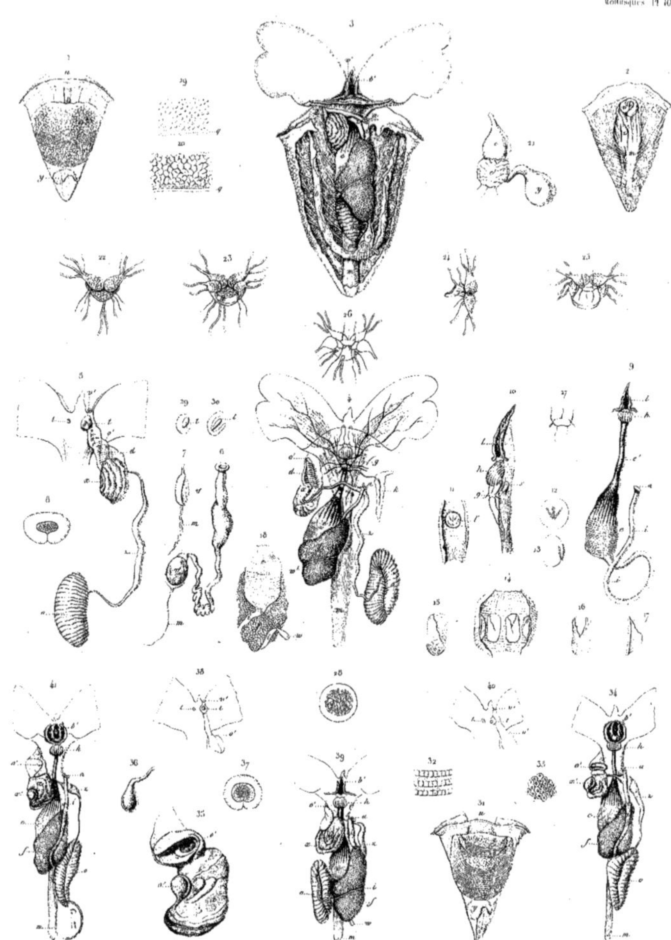

ANATOMIE DES CLÉODORES.

Souleyet del. Borromée pinx.

Arthus Bertrand, Éditeur

A. Bénard, imp.

Pecquet sculp.

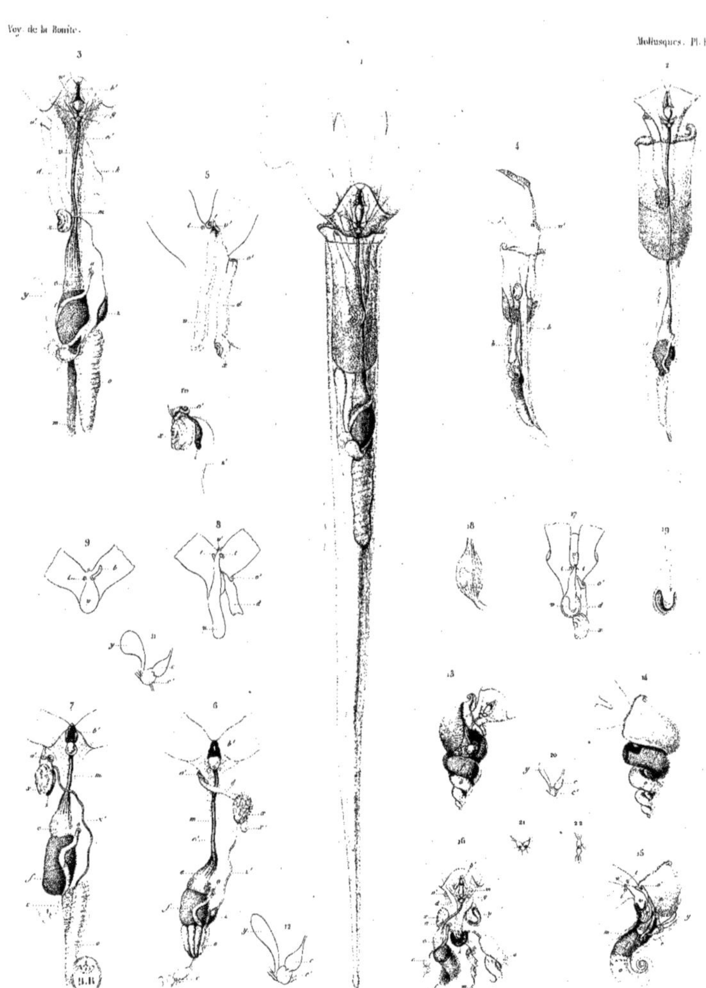

1-12. ANATOMIE DES CLEODORES. 13-22. ANATOMIE DES SPIRIALES.

Souleyet del. Bournaiss pinx. Arthus Bertrand Editeur. Mme Schmelz sc.

J. Rémond imp.

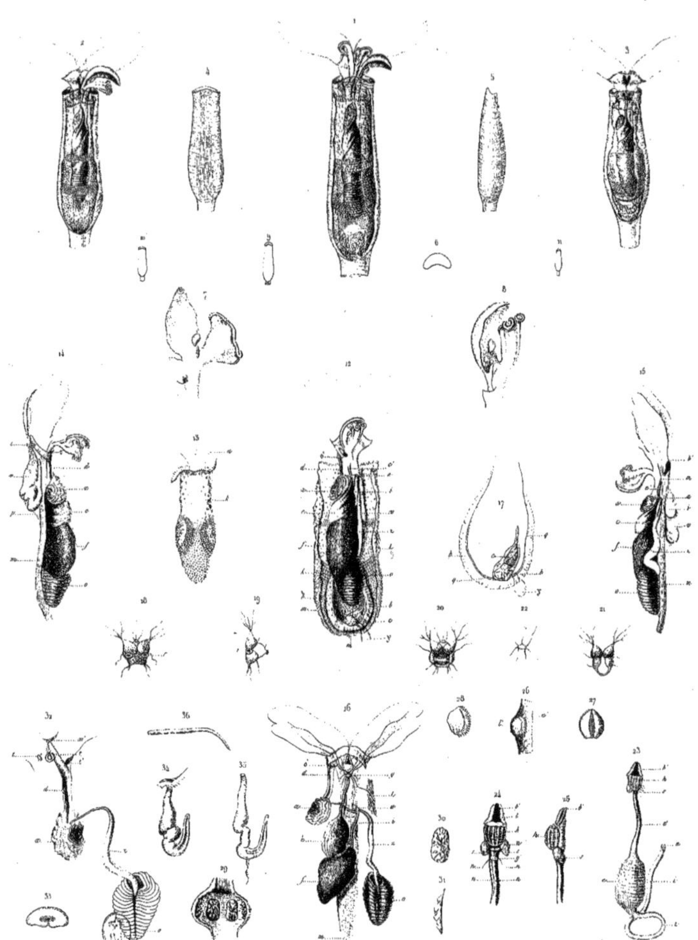

1-11. CUVIÉRIE COLONNETTE. Rang. 12-36. DÉTAILS ANATOMIQUES.

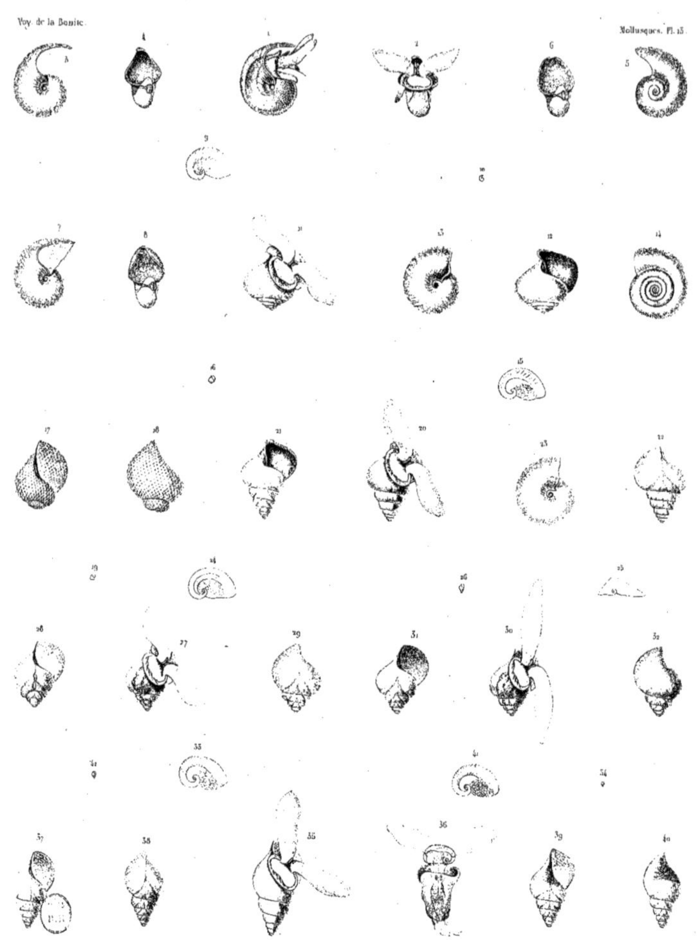

1-10. SPIRIALE ROSTRALE, Eydoux et Souleyet. 17-19. SPIRIALE RÉSEAU, Eydoux et Souleyet. 27-34. SPIRIALE TROCHIFORME, Eydoux et Souleyet.

11-16. SPIRIALE VENTRUE. Eydoux et Souleyet. 20-26. SPIRIALE AUSTRALE. Eydoux et Souleyet. 35-42. SPIRIALE BULIMOIDE. Eydoux et Souleyet.

Arthus Bertrand Éditeur.

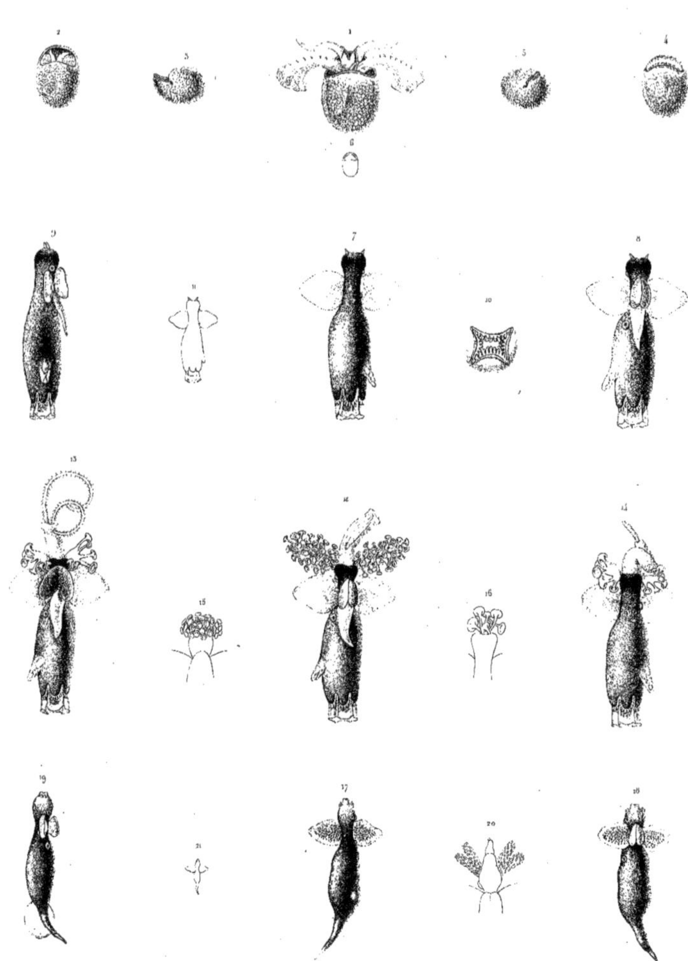

1-6. EURIBIE DE GAUDICHAUD, Eydoux et Souleyet. 7-16. PNEUMODERME DE PÉRON, Lamarck.

17-21. CLIO LONGUE-QUEUE, Eydoux et Souleyet.

Arthus Bertrand, Éditeur.

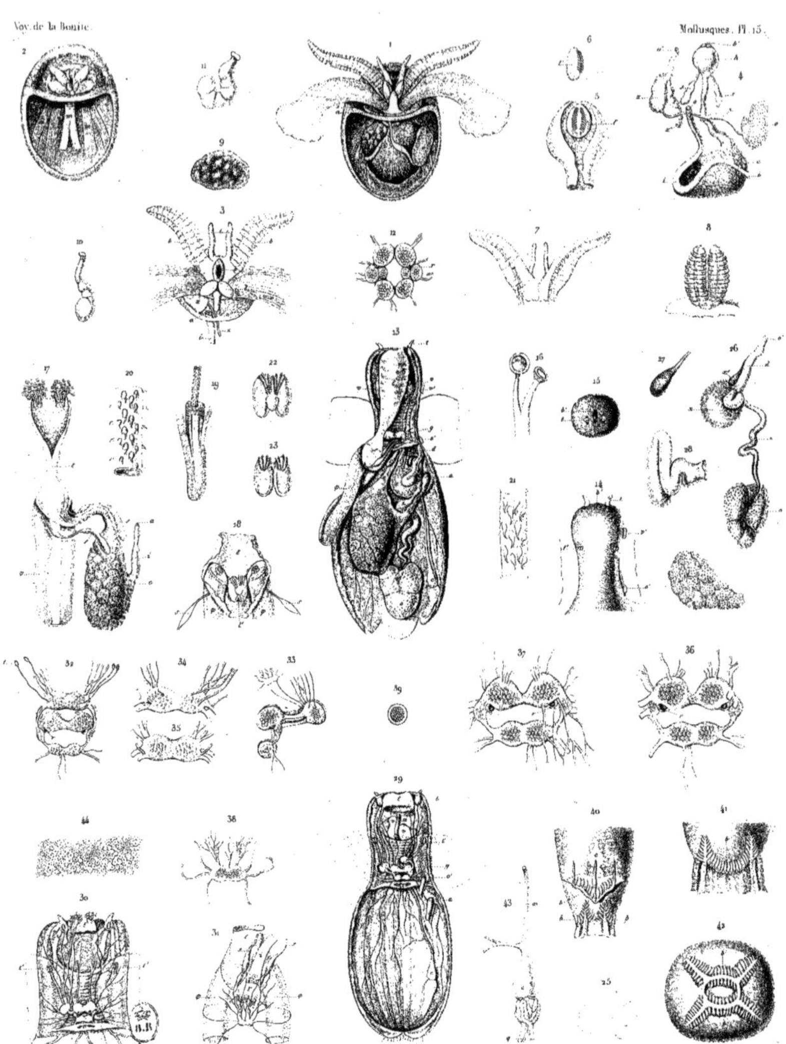

1-12 ANATOMIE DE L'EURIBIE. 13-44 ANATOMIE DU PNEUMODERME.

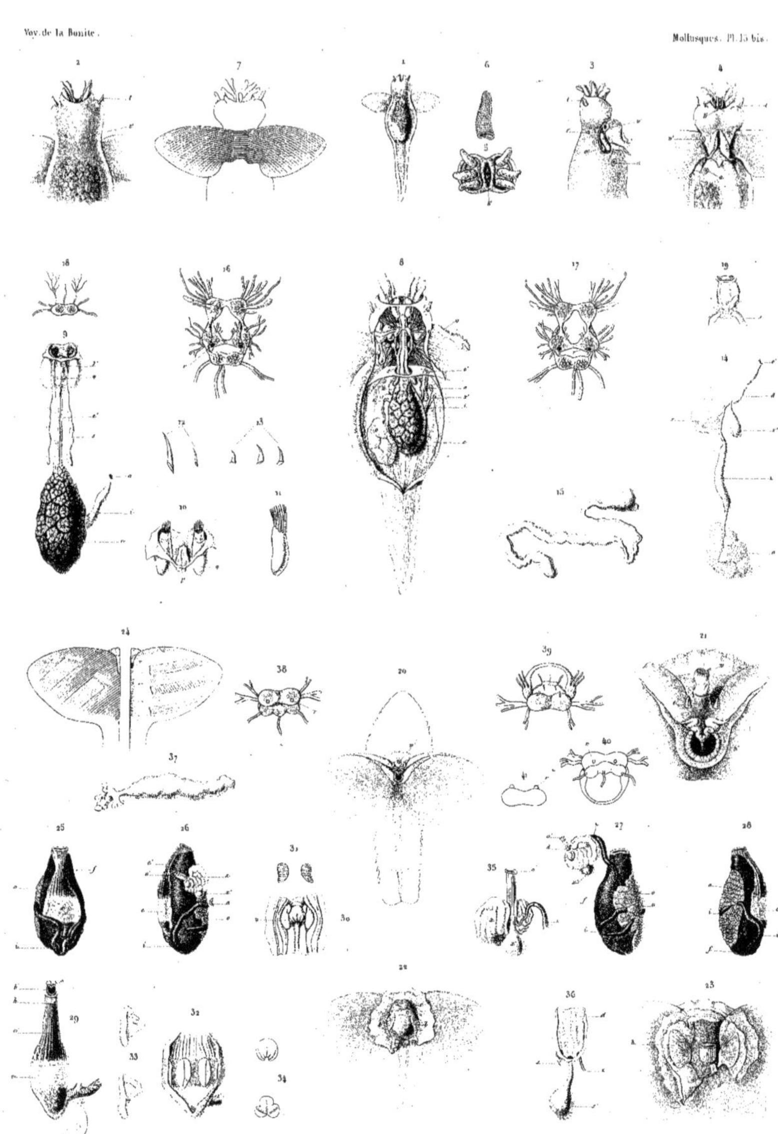

1-19. CLIO BORÉAL avec ses détails anatomiques. 20-41. Anatomie de la CYMBULIE DE PÉRON.

Souleyet del. Vaillant pinx. Arthus Bertrand Éditeur J. Rémond imp. Pouget sc.

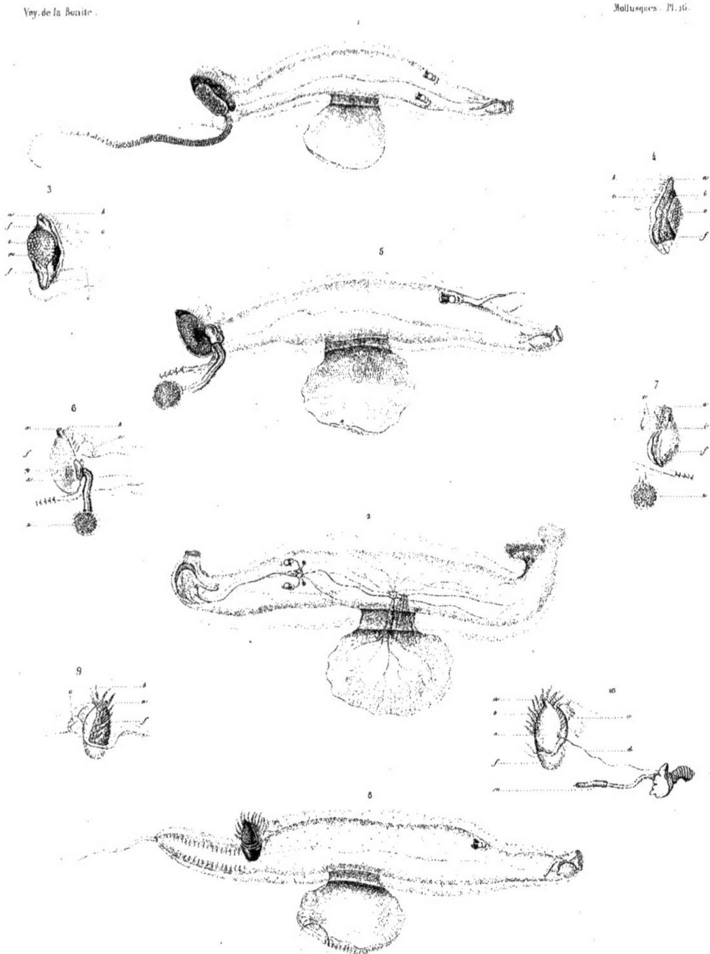

1-4 FIROLOÏDE DE DESMAREST. Lesueur. 5-7 FIROLOÏDE DE LESUEUR. Eydoux et Souleyet

8-10 FIROLE DE KÉRAUDREN. Eydoux et Souleyet

Bevalet pinx. Arthus Bertrand Éditeur R. Bénard imp.

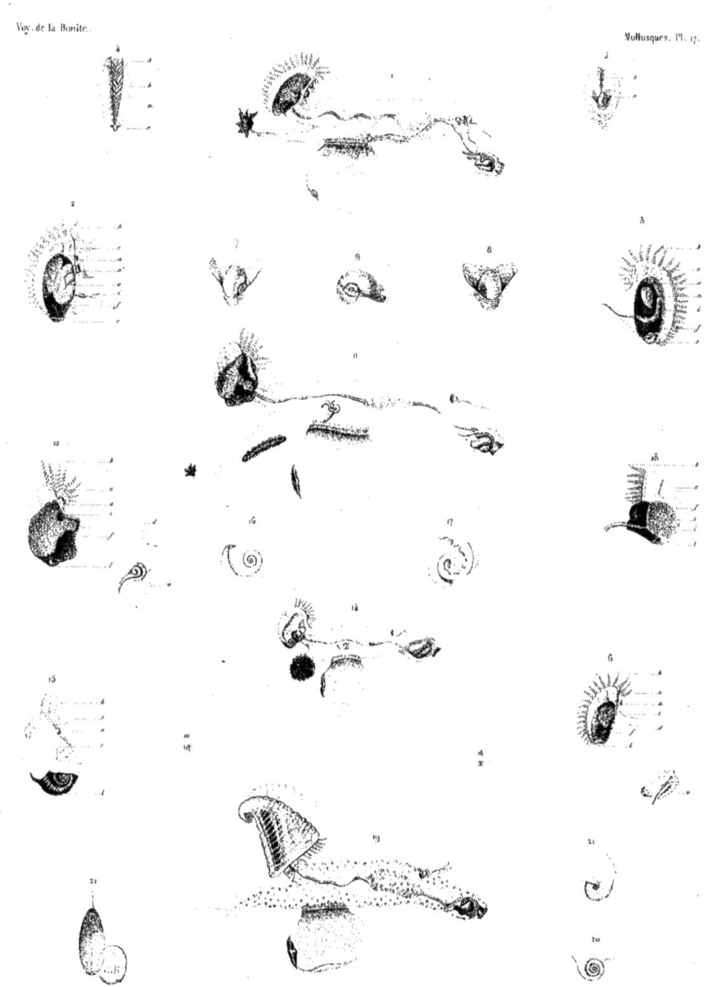

1-10. CARINAIROÏDE PLACENTA, Eydoux et Souleyet. 14-18 LA MÊME (Jeune âge.)

11-13. CARINAIROÏDE CAUDINE, Eydoux et Souleyet. 19-22. CARINAIRE DE GAUDICHAUD, Eydoux et Souleyet

Arthus Bertrand, Éditeur. N. Rémond, imp.

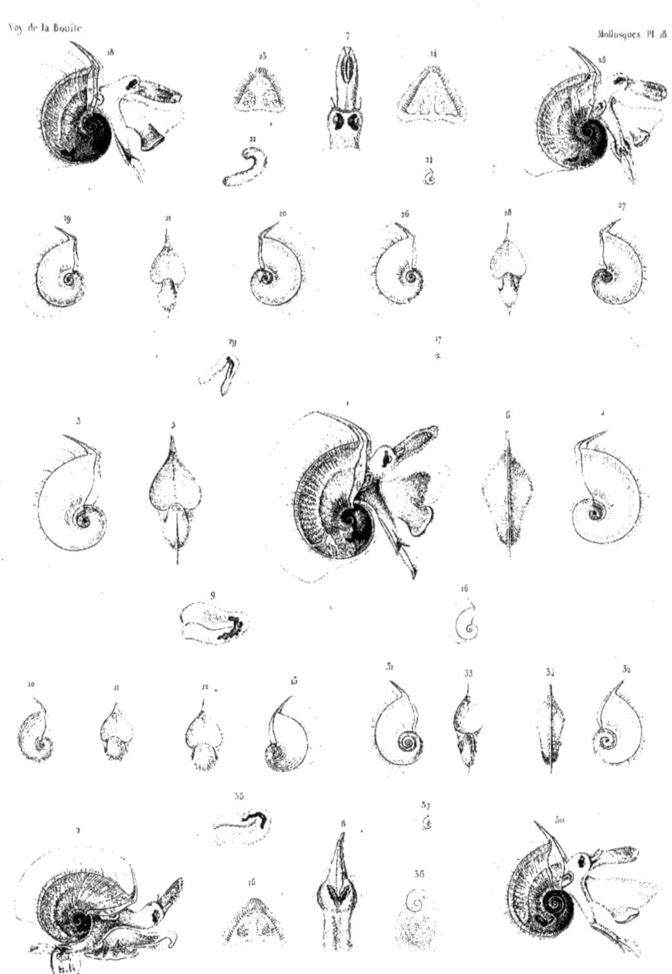

1-17. ATLANTE DE KÉRAUDREN. Lesueur. 25-29. VARIÉTÉ DE L'ATLANTE DE RANG.

18-24. ATLANTE DE RANG. Eydoux et Souleyet. 30-37. ATLANTE DE LAMANON. Eydoux et Souleyet.

Arthus Bertrand Editeur.

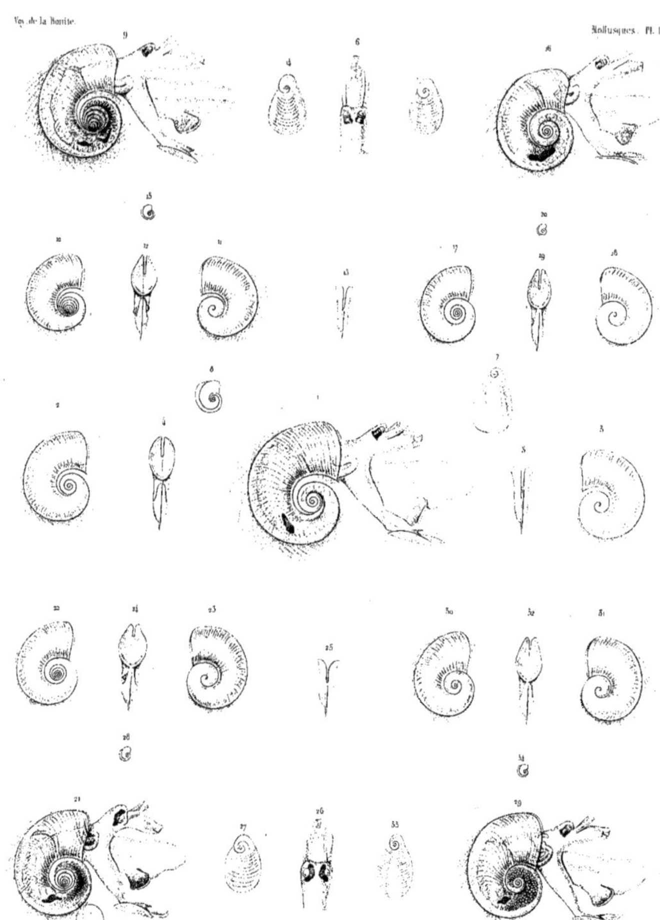

1-8. ATLANTE DE PÉRON. Lesueur. 9-15. ATLANTE INCLINÉE. Eydoux et Souleyet. 16-20. ATLANTE ROSE. Eydoux et Souleyet.

21-28. ATLANTE RENFLÉE. Eydoux et Souleyet. 29-34. ATLANTE DE GAUDICHAUD. Eydoux et Souleyet.

Borromée pinx. Arthus Bertrand Éditeur. Bénard imp.

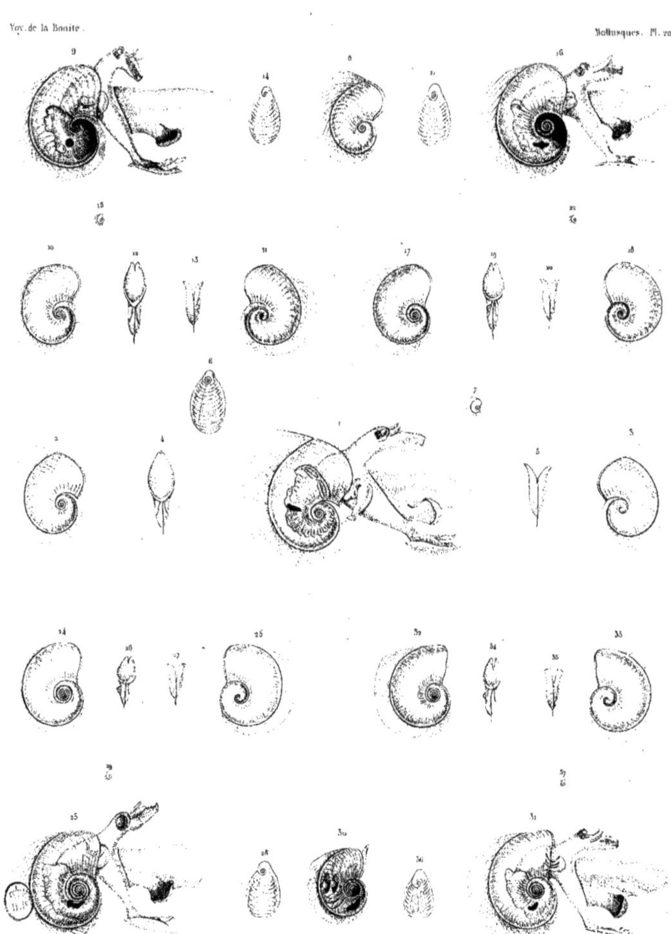

1-8. ATLANTE DE LESUEUR. Eydoux et Souleyet. 9-15. VARIÉTÉ DE LA MÊME. 16-22. ATLANTE DE QUOY. Eydoux et Souleyet. 23-30. ATLANTE HELICINOÏDE. Eydoux et Souleyet. 31-37. ATLANTE DÉPRIMÉE. Eydoux et Souleyet.

Arthus Bertrand, Éditeur.

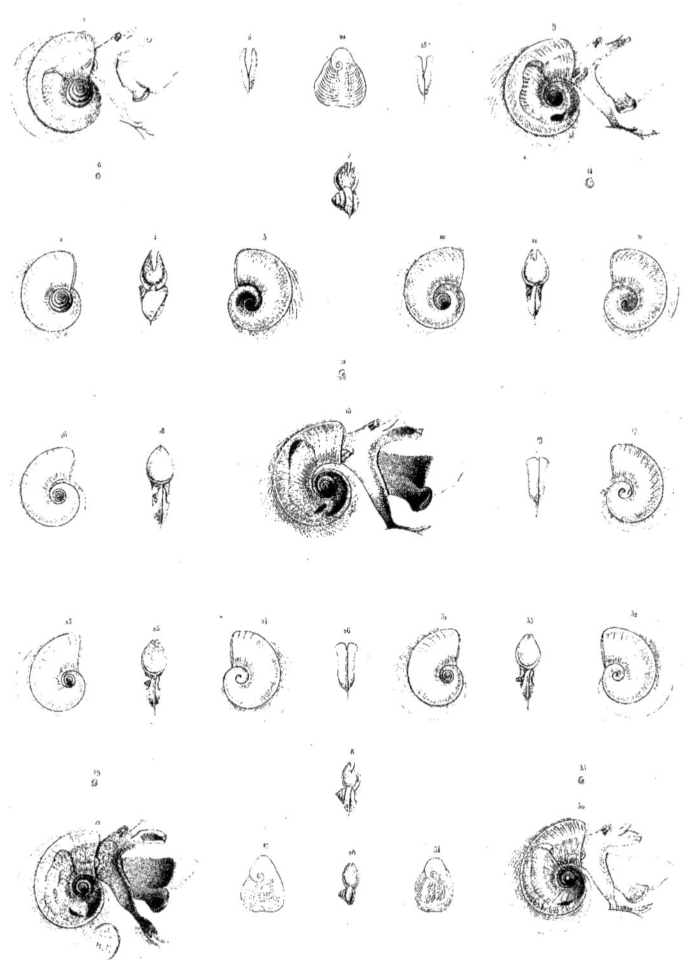

1-8. ATLANTE BOSSUE. Eydoux et Souleyet.

9-14. ATLANTE ENROULÉE. Eydoux et Souleyet.

15-29. ATLANTE BRUNE. Eydoux et Souleyet.

30-35. ATLANTE TURRICULÉE. d'Orbigny.

Arthus Bertrand Éditeur

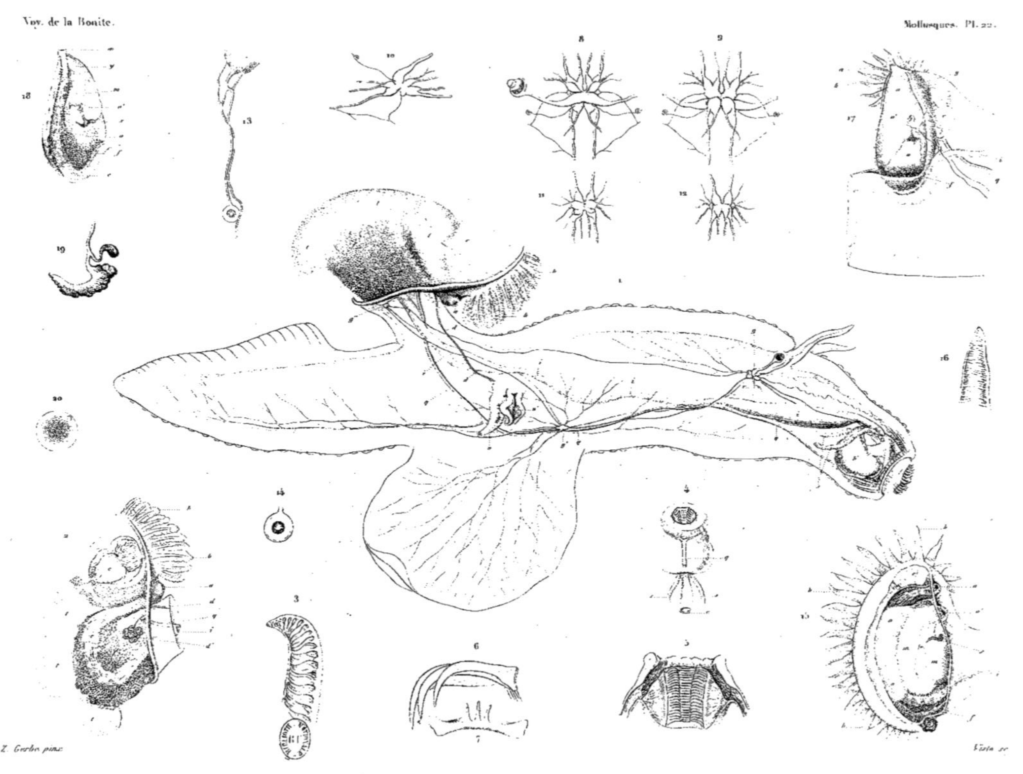

Z. Gerbe pinx. Vista sc.

Anatomie des CARINAIRES, des CARINAIROÏDES et des FIROLES.

Arthus Bertrand, Editeur.
N. Rémond imp.

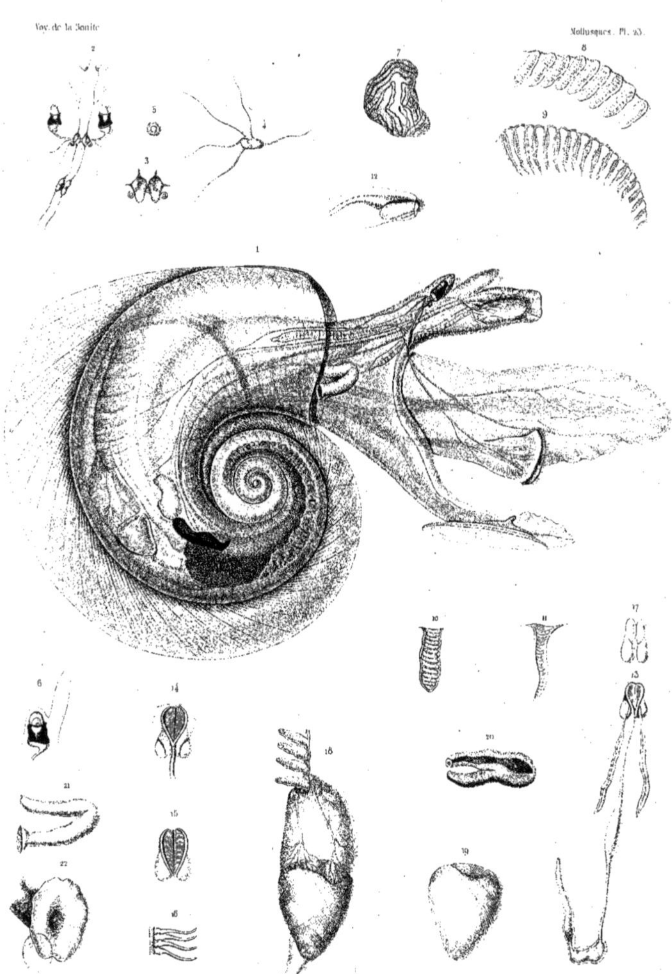

DÉTAILS ANATOMIQUES DE L'ATLANTE.

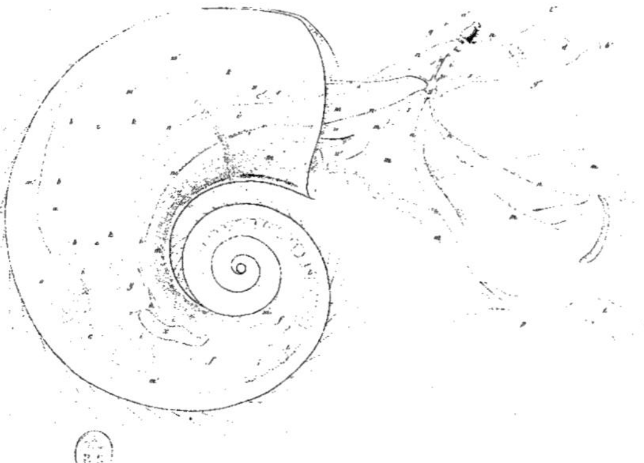

ANATOMIE DE L'ATLANTE.

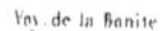

1-2. PHYLLIROÉ BUCÉPHALE. Lamk. 3-8. DÉTAILS ANATOMIQUES.
19-27. ANATOMIE DU GLAUCUS DE FORSTER.

Arthus Bertrand Éditeur
E. Renaud imp.
Mme Schmelz sc.

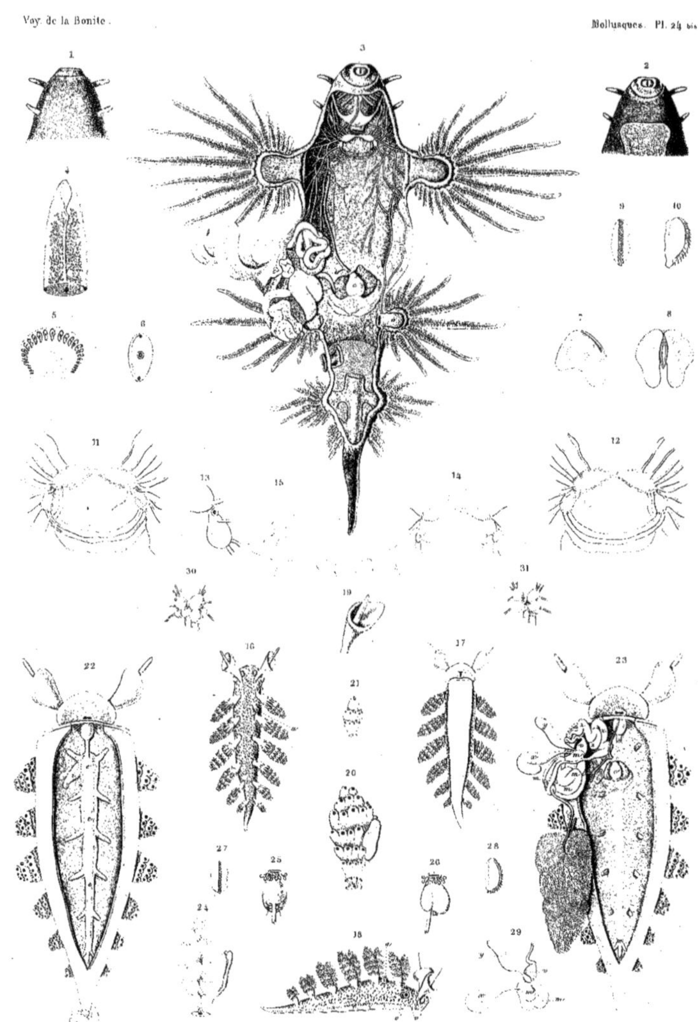

L. Souleyet del.

Annedouche sculp.

1-15. ANATOMIE DU GLAUCUS DE FORSTER. 16-18. TERGIPE COURONNÉ, d'Orbigny.

19-31. DÉTAILS ANATOMIQUES.

Arthus Bertrand, Editeur

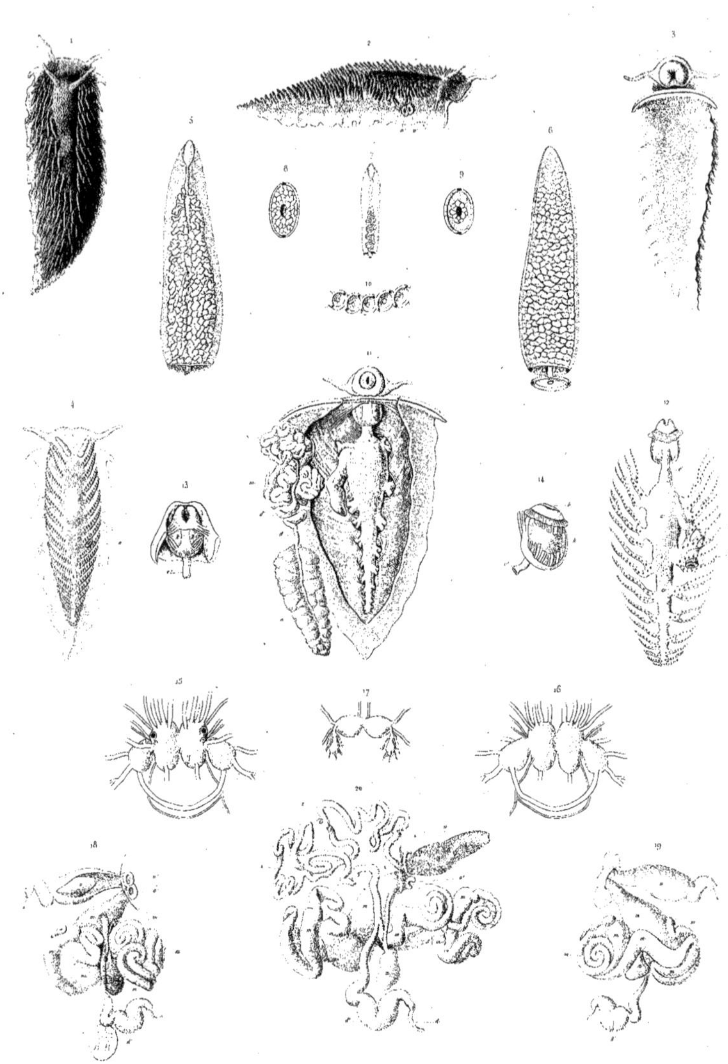

1-3. ÉOLIDE DE CUVIER Lamk. 4-20. DÉTAILS ANATOMIQUES.

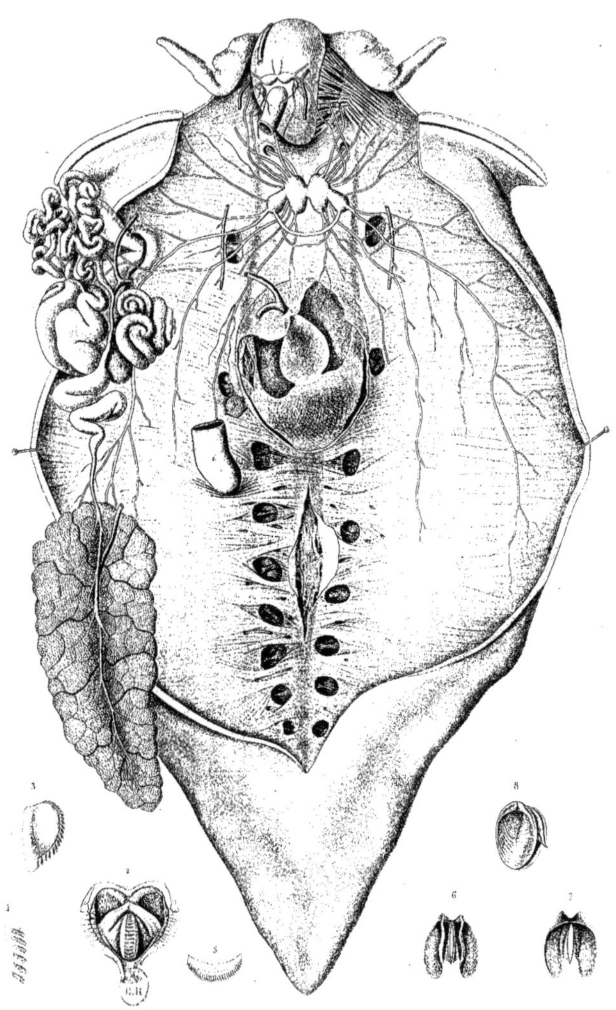

ANATOMIE DE L'ÉOLIDE DE CUVIER.

Arthus Bertrand Éditeur

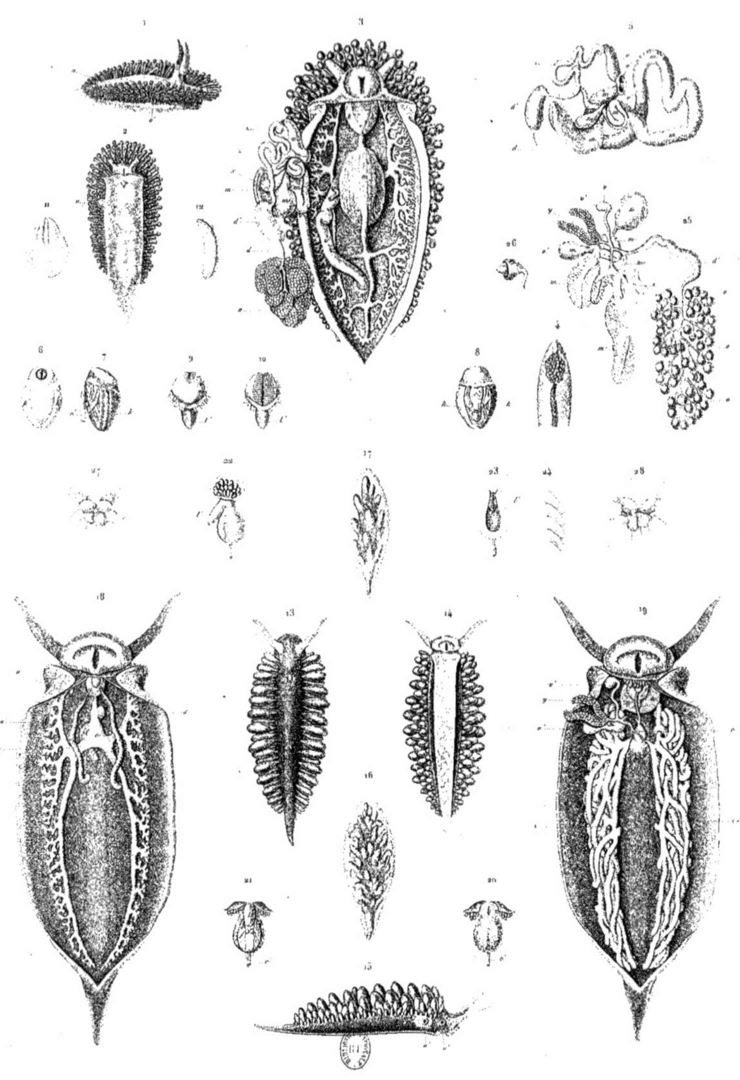

1-2. JANUS DE SPINOLA, Vérany. 3-12. détails anatomiques. 13-15. CALLIOPÉE DE SOULEYET, Vérany. 16-28. détails anatomiques.

L. Souleyet del. Arthus Bertrand Editeur. R. Renaud imp. Mme Schmelz sc.

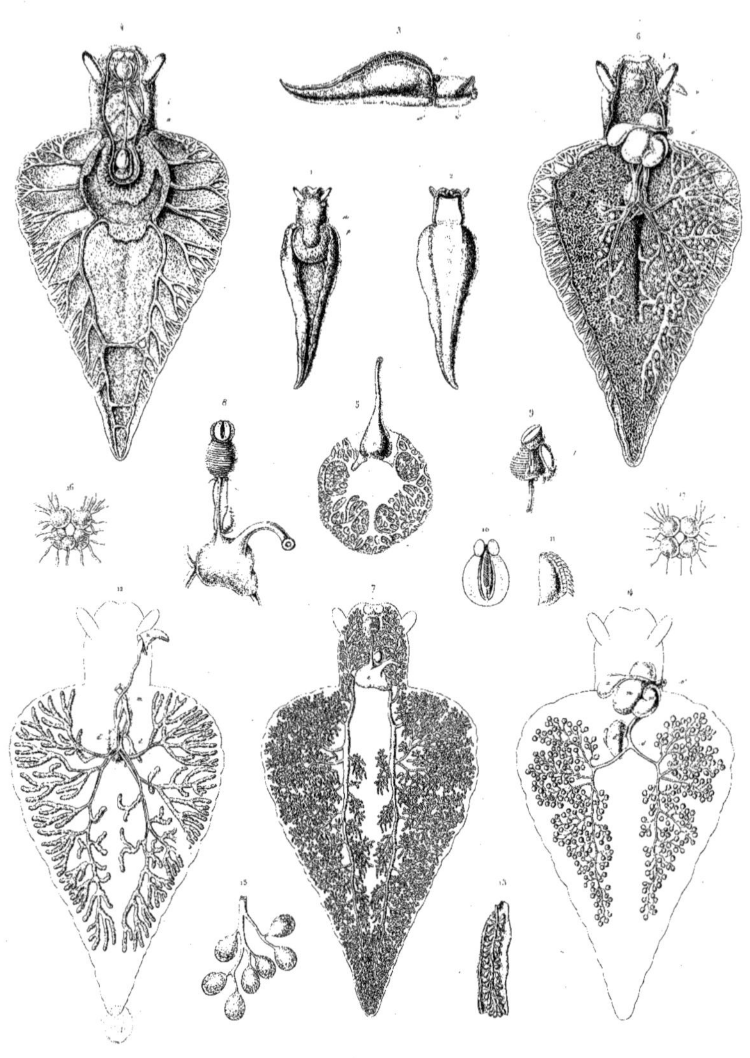

1-3. ÉLYSIE VERTE. 4-17. DÉTAILS ANATOMIQUES.

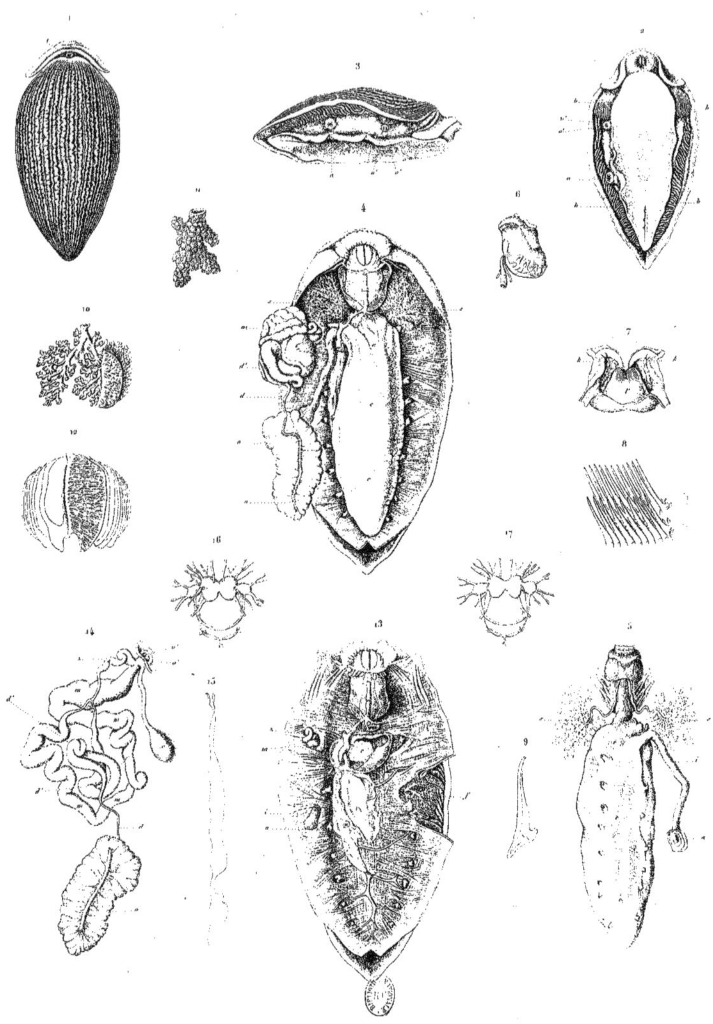

1-3. DIPHYLLIDIE RAYÉE, Oudo. 4-17. DÉTAILS ANATOMIQUES.

Z. Gerbe pinx. Arthus Bertrand Editeur. J. Thomas sc.

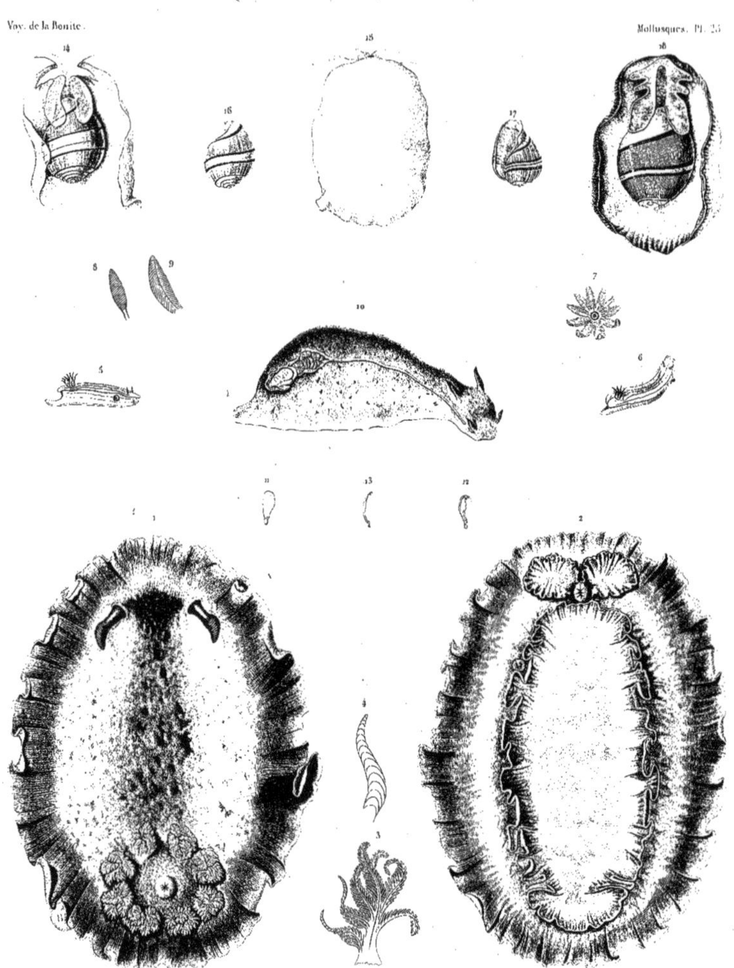

1-4. DORIS SANDWICHIENNE. Nobis. 5-9. DORIS RAYÉE. Nobis. 10-13. APLYSIE DE OAHOU. Nobis.
14-17. BULLE BANDEROLLE. Linné. 18. BULLE FASCIÉE. Bruguière.

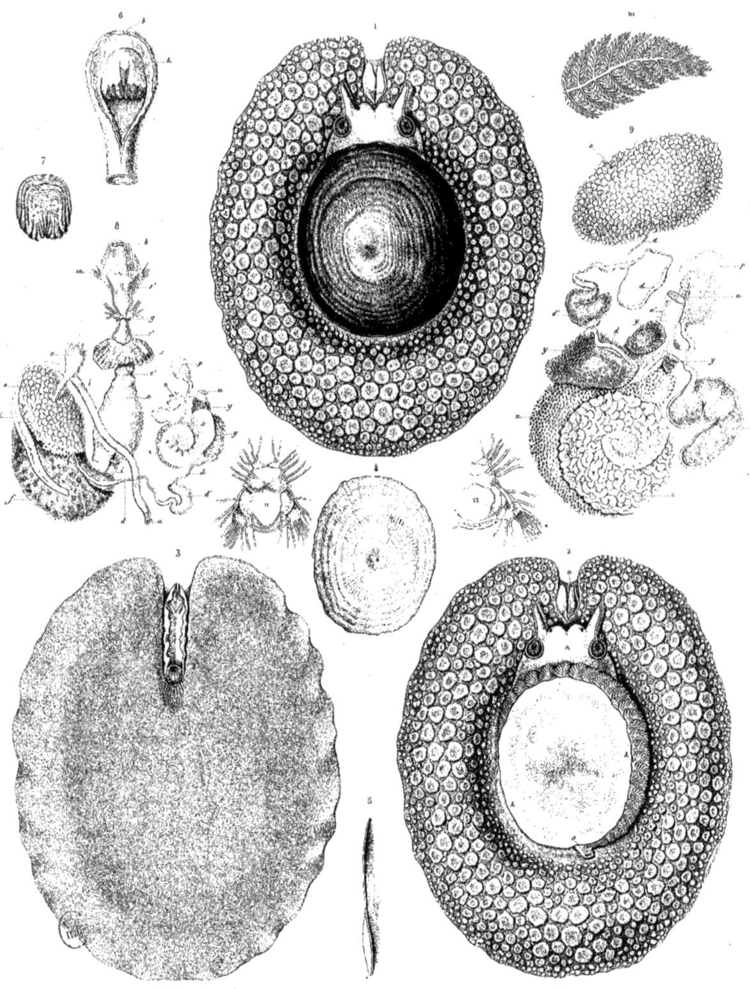

1-5. OMBRELLE INDIENNE, Lamk. 6-12. DÉTAILS ANATOMIQUES.

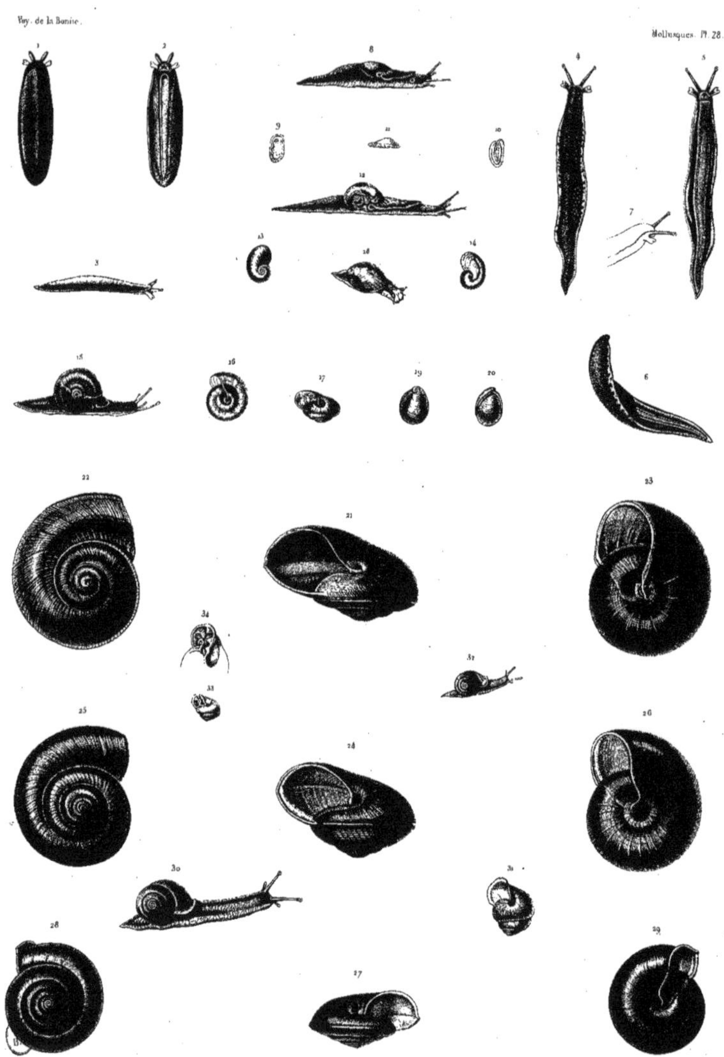

1-3. VAGINULE DE LUÇON. Nob. 4-7. VAGINULE DE TOURANNE. Nob. 8-11. LIMACE SANDWICHIENNE. Nob.
12-14. VITRINE FASCIÉE. Nob. 15-17. VITRINE COUVERTE. Nob. 18-20. AMBRETTE FRAGILE. Nob. 21-23. HÉLICE DE DARONDEAU. Nob.
24-26. HÉLICE DE CHEVALIER. Nob. 27-29. HÉLICE DE MACKENSIE. Nob. 30-31. HÉLICE DÉVIÉE. Nob. 32-34. HÉLICE ÉGARÉE. Nob.

Oudart del. — Arthur Bertrand éditeur. — Rémond imp. — M.me Schmelz sculp.

1-2. HÉLICE DE TOURANNE. Nobis. 3-4. HÉLICE PEAU DE RENARD. Férussac. 5-6. HÉLICE DÉCORÉE. Férussac. 7-8. HÉLICE TURRITELLE. Férussac.
9-11. PARTULE DE DUMARTROY. Nobis. 12-15. BULIME OBLIQUÉ. Nobis. 16-18. CLAUSILIE COCHINCHINOISE. Pfeiffer. 19-20. AURICULE DE JUDAS. Lamk.
21-23. AURICULE DE CHAT. Lamk. 24-28. AURICULE BRUNE. Philippi. 29-32. AURICULE SANDWICHIENNE. Nobis. 33-37. LYMNÉE DE LUÇON. Nobis.
38-41. LYMNÉE DE DAHOU. Nobis. 42-44. LYMNÉE VOISINE. Nobis.

Arthus Bertrand Éditeur.

1-5. HÉLICINE SANDWICHIENNE. Nobis. 6-11. CYCLOSTOME ANCULIFÈRE. Nobis. 12-17. CYCLOSTOME DE LA GIRONNIÈRE. Nobis.
18-21. CYCLOSTOME TROCHIFORME. Lamarck. 22-24. CYCLOSTOME SUBTROCHIFORME. Nob. 25-27. CYCLOSTOME TROMPETTE. Sowerby.
28-32. CYCLOSTOME DE TOURANNE. Nobis. 33-37. CYCLOSTOME DE GARREL. Nobis. 38-41. CYCLOSTOME TACHETÉ. Nobis.

Arthus Bertrand, Editeur.

1-2. MÉLANIE RAYÉE. Brussac. 3. MÉLANIE THIARE. Lamk. 4-7. MÉLANIE DE TOURANNE. Nobis. 8-11. MÉLANIE TURRITELLE. Nobis. 12-15. MÉLANIE INDIENNE. Nobis. 16-18. MÉLANIE SCULPTÉE. Nobis. 19-21. VALVÉE SILLONNÉE. Nobis. 22-24. PALUDINE TRONQUÉE. Nobis. 25-27. PALUDINE AMPULLIFORME. Nobis. 28-30. PALUDINE BOURSE. Nobis. 31-33. LITTORINE DE GAUDICHAUD. Nobis. 34-36. LITTORINE SÉRIALE. Nobis. 37-39. LITTORINE MONILIFÈRE. Nobis. 40-42. LITTORINE VARIÉE. Nobis. 43-45. LITTORINE COSTULÉE. Nobis. 46-47. LITTORINE RAYONNÉE. Nobis.

Oudart pinx. Arthus Bertrand Éditeur. Borget sculp.

V. Rémond imp.

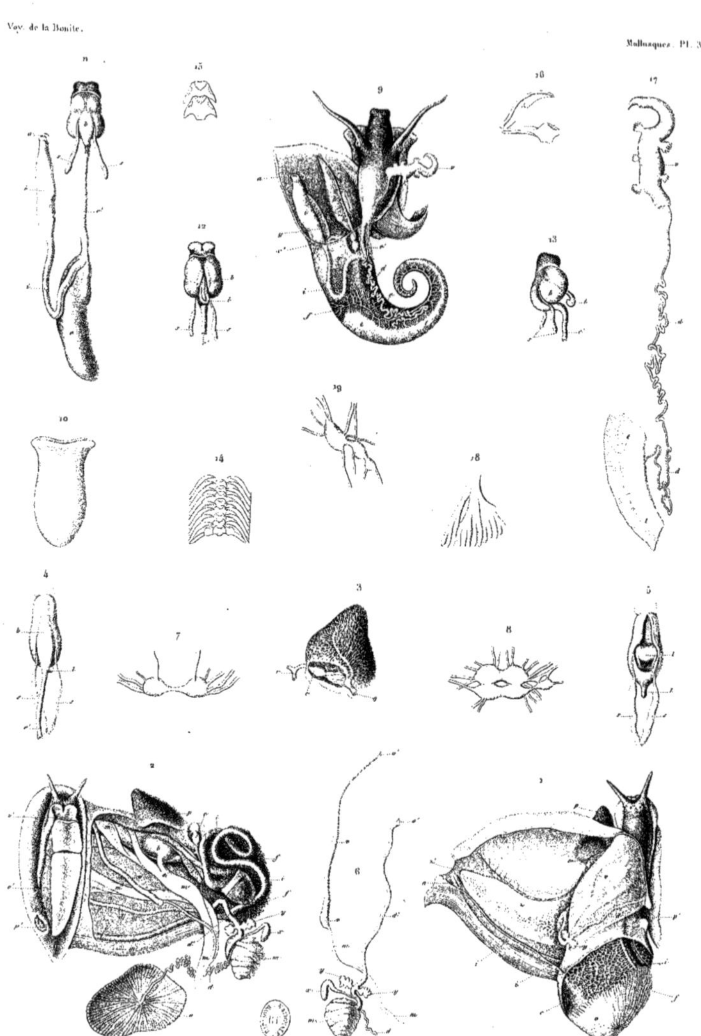

1-8. Anatomie de L'AURICULE BRUNE. 9-19. Anatomie de la LITTÓRIDINE DE GAUDICHAUD.

Z. Gerbe pinx. Arthus Bertrand Editeur N. Rémond imp. Martin sc.

ANATOMIE DE LA LITTORINE LITTORALE.

E. Gerbe pinx.t Arthus Bertrand Editeur N. Rémond imp. Thomas sc.

1-4. NÉRITE DE YOLDI. Recluz. 5-7. NÉRITE GEORGIENNE. Recluz. 8-11. NÉRITE COULEUR DE POIX. Recluz. 12-15. NÉRITE VÊTUE. Nobis. 16-19. NÉRITE DE CAIMARD. Nobis. 20-23. NÉRITE DE MICHAUD. Recluz. 24-27. NÉRITE RUGUEUSE. Recluz. 28-31. NÉRITE DE TOURANNE. Nobis. 32-35. NÉRITE INDIENNE. Nobis. 36-39. NÉRITE DE TAÏTI. Lesson. 40-42. NÉRITE SUBAILÉE. Nobis. 43-46. NÉRITE DE NUTALL. Recluz. 47-48. NAVICELLE DE LESSON. Nobis.

Arthus Bertrand, Éditeur.

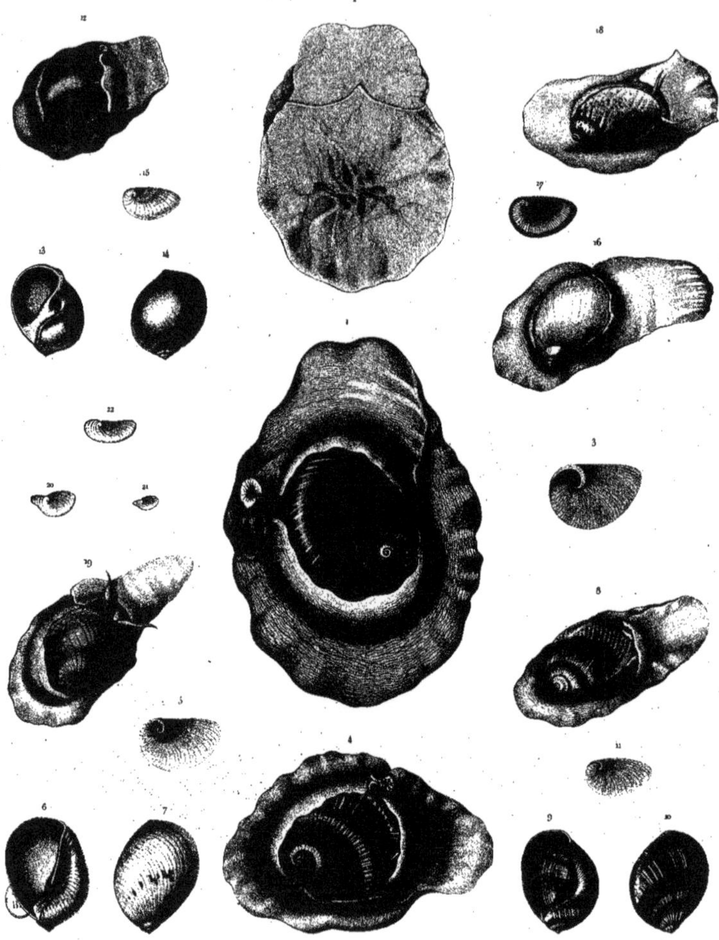

1-3. NATICE GLAUQUE. Humbolt. 4-5. NATICE DE CHEMNITZ. Recluz. 6-7. NATICE DE SEBA. Nobis.
8-11. NATICE FIBREUSE. Nobis. 12-15. NATICE JAUNE-ROUX. Nobis. 16-17. NATICE MAMELLE. Lamarck (Var.)
18. NATICE MACULEUSE. Lamk. 19-21. SIGARET LISSE. Lamk. 22. SIGARET CONCAVE. (Opercule)

Arthus Bertrand, Editeur.

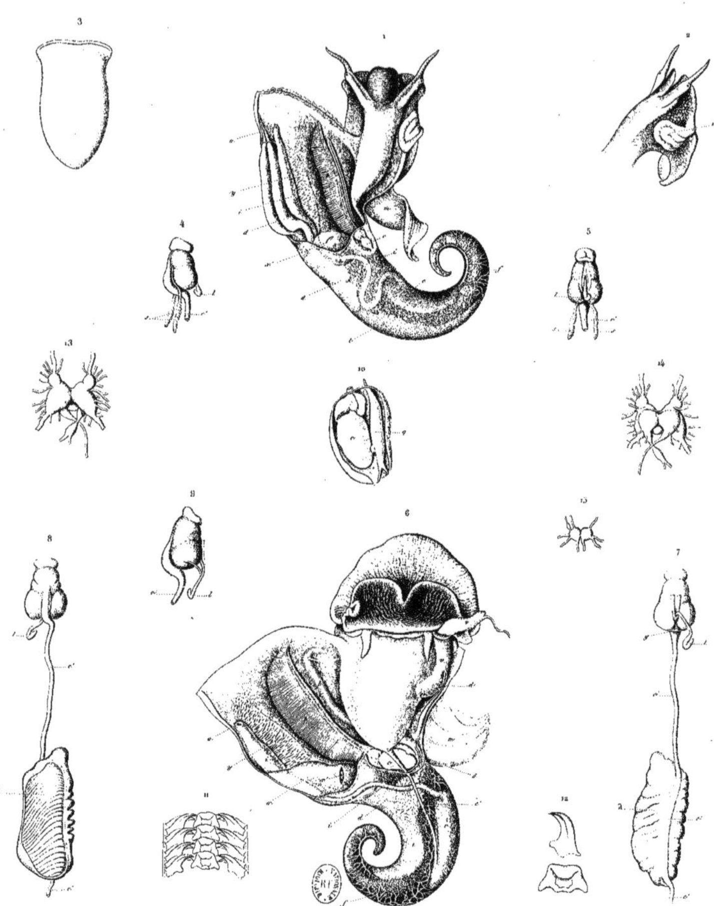

1-5. Anatomie du MODULE TROCHIFORME. 6-15. Anatomie de la NATICE MARBRÉE.

E. Grebe pinx.

Arthus Bertrand Éditeur.
N. Rémond imp.

Thomas sc.

1-6. LITIOPE BOUCHE-NOIRE. Rang. 7-9. LITIOPE DE BELLANGER. Nobis. 10-14. CADRAN STRIÉ. Lamk.
15-19. TURBO ÉLEVÉ. Nobis. 20-22. TURBO RAYONNÉ. Gmelin. 23-24. TROQUE SANDWICHIEN. Nobis.
25-31. MODULE TROCHIFORME. Nobis. 32-35. DAUPHINULE NOIRE. Reeve.

Taillant, pinx. Arthus Bertrand, Editeur J. Thomas, sc.
J. Rémond, imp.

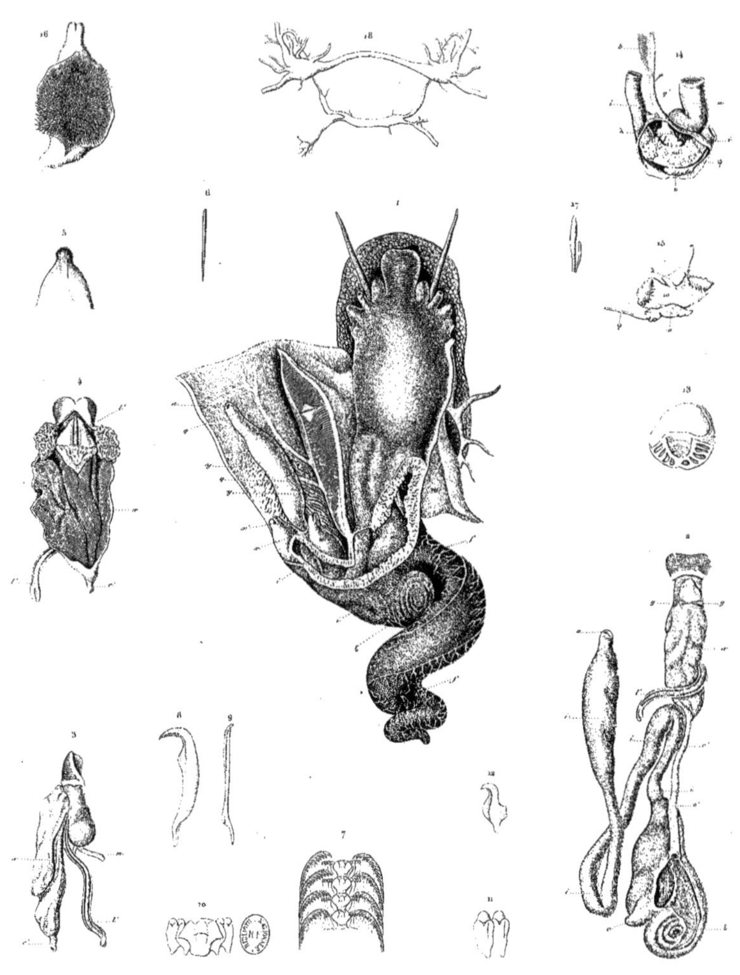

ANATOMIE DU TURBO SCABRE.

E. Grebe pinx.

Arthus Bertrand Editeur.
N. Rémond imp.

Visto sc.

1-2. CÉRITE OBTUSE. Lamk. 3-5. CÉRITE DE TOURANNE. Nobis. 6-7. CÉRITE DE MONTAGNE. D'Orbigny. 8-10. POURPRE OUVERTE. Blainville. 11-13. POURPRE TUBERCULÉE. Blainville. 14-16. POURPRE HARPE. Conrad. 17-19. POURPRE ONDÉE. Lamk. VAR. 20-22. POURPRE DE CHUSAN. Nobis. 23-25. POURPRE KIOSQUIFORME. Duclos. 26-29. POURPRE CASSIDIFORME. Blainville. 30-31. POURPRE DE POTTHAU. Nobis. 32-34. POURPRE CRASSILABRE. Nob. 35-37. LICORNE STRIÉE. Lamk.

Eydoux pinx. Arthus Bertrand, Editeur. J. Rémond imp. Forget sc.

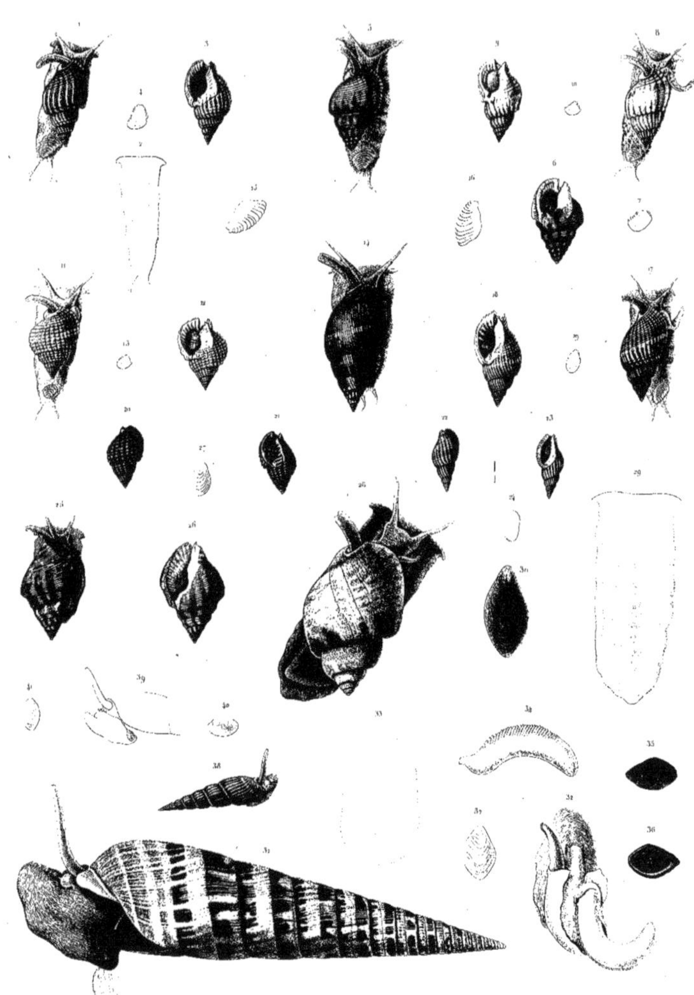

1-4. BUCCIN CRÉNELÉ. Brug. 5-7. BUCCIN BOUCHE-JAUNE. Brod. 8-10. BUCCIN HÉRISSÉ. Kiener. 11-13. BUCCIN PERLÉ. Lamk.
14-16. BUCCIN OLIVÂTRE. Brug. 17-19. LE MÊME. VAR. 20-21. BUCCIN DENTIFÈRE. Duclos. 22-24. BUCCIN BOLIVIEN. Nobis.
25-27. BUCCIN CIVETTE. Kiener. 28-30. ÉBURNE CANALICULÉE. Lamk. 31-37. VIS TACHETÉE. Lamk. 38-41. VIS FORÊT. Lamk.

ANATOMIE DE LA PYRULE TROMPETTE.

Arthus Bertrand Éditeur
V. Trinocq Imp.

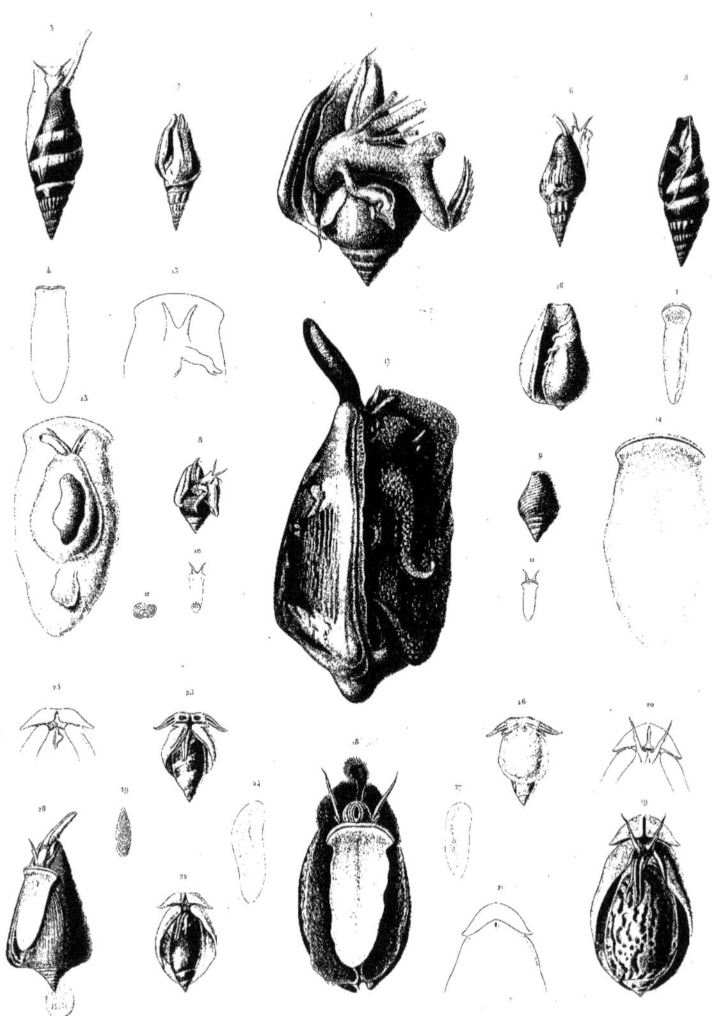

1-2. STROMBE ISABELLE. Lamk. 3-5. MITRE NÈGRE. Lamk. 6-7. COLOMBELLE LANCÉOLÉE. Sowerby. 8-12. COLOMBELLE GROSSE-LÈVRE. Sow.
13-16. MARGINELLE CINQ-PLIS. Lamk. 17. VOLUTE PIED DE BICHE. Gmelin. 18. PORCELAINE ARABIQUE. Linné. 19-21. OLIVE DU SÉNÉGAL. Lamk.
22-24. OLIVE VOLUTELLE. Lamk. 25-27. OLIVE COLUMELLAIRE. Sow. 28-29. CÔNE LINÉÉ. Bruguières

Bevalet pinx.

Arthus Bertrand, Éditeur

E. Rémond imp.

ÉCHINOMÈTRE À LONGS PIQUANS. Nobis.

Prêtre pinx.

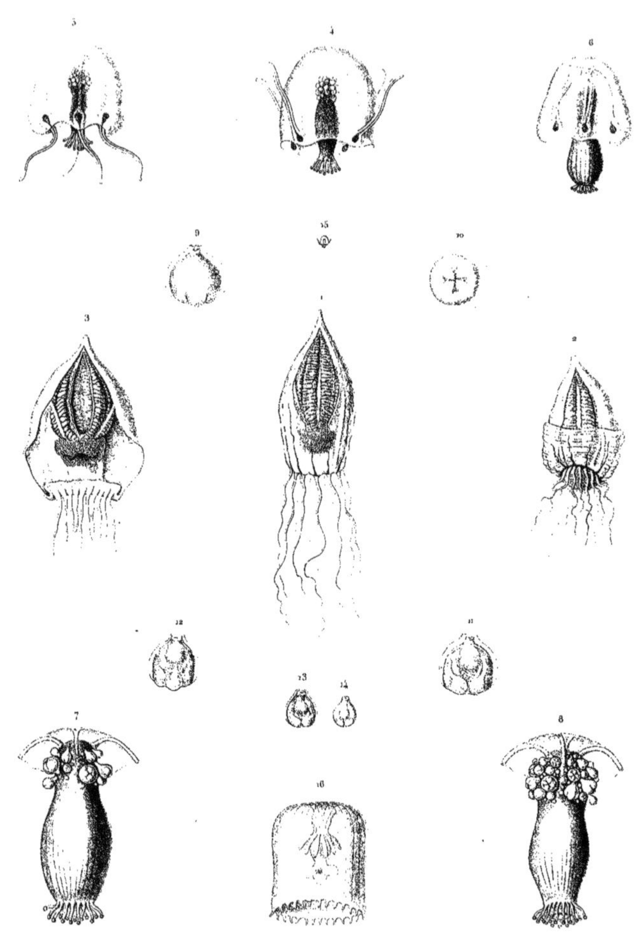

Z. Grebe pinx. J. Thomas sc.

1-3. CLOCHER PAPOU, Lesson. 4-15. CYTHÉIS TÉTRASTYLE, Eschscholtz. 16. LESSONIE RADIÉE, nobis.

Arthus Bertrand Éditeur.
A. Bénard imp.

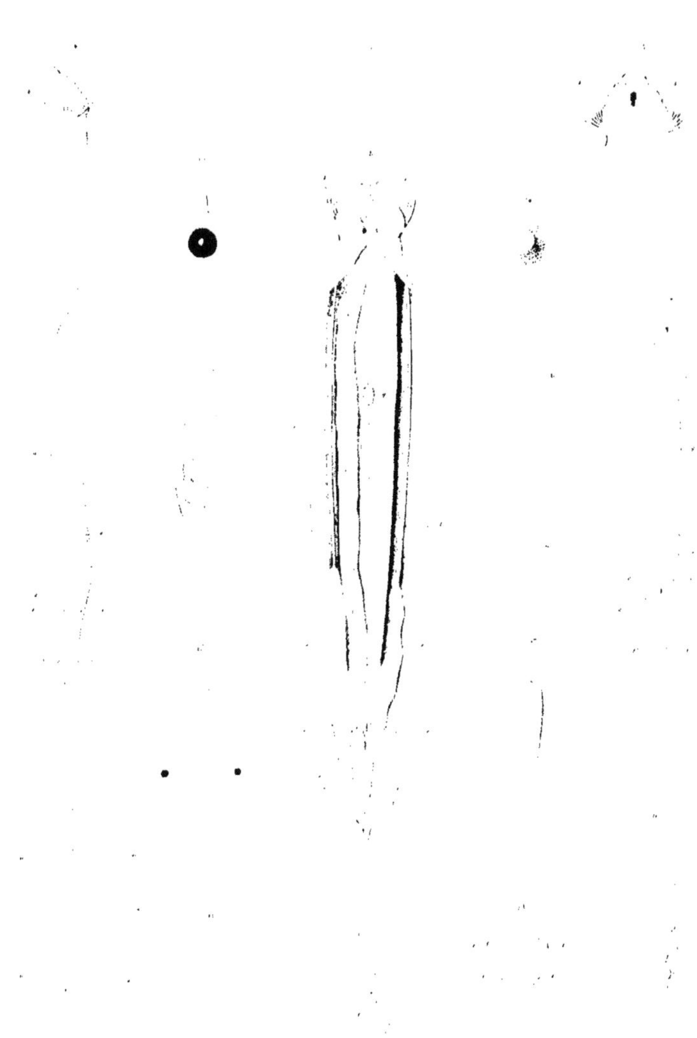

www.ingramcontent.com/pod-product-compliance
Ingram Content Group UK Ltd.
Pitfield, Milton Keynes, MK11 3LW, UK
UKHW021055270726
13967UKWH00012B/1496

9 782013 099424